中国西部地区扩大南向开放构建陆海新通道的路径抉择

尹响 等著

西南财经大学出版社
Southwestern University of Finance & Economics Press

中国·成都

图书在版编目(CIP)数据

中国西部地区扩大南向开放构建陆海新通道的路径抉择/尹响
等著.—成都:西南财经大学出版社,2024.4
ISBN 978-7-5504-6139-0

Ⅰ.①中… Ⅱ.①尹… Ⅲ.①交通运输发展—研究—中国
Ⅳ.①F512.3

中国国家版本馆 CIP 数据核字(2024)第 064527 号

中国西部地区扩大南向开放构建陆海新通道的路径抉择
ZHONGGUO XIBU DIQU KUODA NANXIANG KAIFANG GOUJIAN LUHAI XIN TONGDAO DE LUJING JUEZE
尹响 等著

策划编辑:何春梅
责任编辑:肖　翀
责任校对:邓嘉玲
封面设计:张姗姗
责任印制:朱曼丽

出版发行	西南财经大学出版社(四川省成都市光华村街 55 号)
网　　址	http://cbs.swufe.edu.cn
电子邮件	bookcj@ swufe.edu.cn
邮政编码	610074
电　　话	028-87353785
照　　排	四川胜翔数码印务设计有限公司
印　　刷	四川煤田地质制图印务有限责任公司
成品尺寸	170mm×240mm
印　　张	16.5
字　　数	190 千字
版　　次	2024 年 4 月第 1 版
印　　次	2024 年 4 月第 1 次印刷
书　　号	ISBN 978-7-5504-6139-0
定　　价	78.00 元

主要著作人员

尹 响 胡 旭 廖长峰
傅 敏 郭曼琦 徐一丹

前言

　　当前世界正处于百年未有之大变局。世界多极化、经济全球化、社会信息化、文化多样化深入发展，和平发展的大势日益强劲，变革创新的步伐持续向前；全球人民渴望和平，对美好生活充满向往。从现实维度看，我们正处在一个挑战频发的世界，部分国家和地区为了维护霸权，动用地缘政治力量，打造"小圈子"，制造冲突、超发货币、破坏全球供应链和世界贸易平衡，导致全球军事冲突、能源危机、通货膨胀危机、债务危机、恐怖主义危机等时有发生。世界经济增长需要新动力，发展需要更加普惠平衡，贫富差距鸿沟有待弥合。中国的对外开放发挥了"稳定器"的作用，是解决当前和平赤字、发展赤字、治理赤字问题的重要方案。

　　当前，中美竞争的宽度和深度都在不断延展。美国拜登政府把中国称为"唯一一个在全球有能力、有意志和美国进行竞争的竞争者"，并把中美竞争定义为所谓的"专制"对"民主"的竞争。从特朗普政府对华输美商品加征高额关税、展开贸易战，到拜登政府接续在高科技领域与中国全面"脱钩"、在"卡脖子"领域遏制中国的发展，美国对中国展开了系统性的"脱钩"。在此背景下，我们必须要思考中国该如何应对：是"关起门"来"自力更生"？还是继续向世界张开怀抱，用知识和技术来推动自主创新？

　　我国改革开放总设计师邓小平曾多次论述对外开放的重要性。

邓小平明确指出："现在任何国家要发达起来，闭关自守都不可能。我们吃过这个苦头，我们的老祖宗吃过这个苦头……长期闭关自守，把中国搞得贫穷落后，愚昧无知。""任何一个国家要发展，孤立起来，闭关自守是不可能的，不加强国际交往，不引进发达国家的先进经验、先进科学技术和资金，是不可能的。"习近平总书记也明确指出："对外开放是中国的基本国策和鲜明标识。中国扩大高水平开放的决心不会变，同世界分享发展机遇的决心不会变，推动经济全球化朝着更加开放、包容、普惠、平衡、共赢方向发展的决心也不会变。"世界上任何科学技术的重大突破都是全人类智慧的结晶，也不可能靠某一国单打独斗就能实现。中国只有在"构建人类命运共同体"理念引导下，进一步扩大对外开放，深化对外开放，吸引全球的人才、技术、资金，与世界各地分享中国的发展红利和治理智慧，利用好全球产业链、供应链和创新链，利用好国际、国内两个市场，促进各种资源在国际、国内更高水平地循环、运动，并以此来推动自主创新、集成创新，才能突破美国在世界范围内对我国高科技领域的"围追堵截"和"系统性脱钩"。进入新时代，我国经济已由高速增长阶段转向高质量发展阶段，正处在转变发展方式、优化经济结构、转换增长动力的攻关期。以新一轮扩大开放为契机，深化创新体系、要素市场、监管体制和治理能力改革，将对我国经济持续健康发展发挥重要作用。

近年来，中央高度重视西部地区扩大南向开放问题。中国西部扩大南向开放，构筑西部陆海新通道，是贯彻习近平经济思想的创新探索，是"构建人类命运共同体"和"构建陆海内外联动、东西双向互济"开放格局理念的重要实践，将推动西部地区从开放末梢走向开放前沿。构建直达印度洋的南向陆海通道，突破"马六甲困局"，对有效应对中美贸易摩擦、逆全球化浪潮，维护国家安全和推动经济高质量发展具有战略意义。近年来，西部地区开放步伐有所加快，但较于东部仍显缓慢，开放意识不足、开放底子薄、开放资源利用不足仍然是西部地区在对外开放领域存在的客观事实。从客观条件看，西部地区对外开放仍然面临着一系列挑战，如，铁路等基础设施存在短板，港口设施和服务能力仍有不足，通道物流体系尚不完善、运行效率和规模效益偏低，多式联运"一单制""一箱制"有待推广，数字化绿色化水平不高，通道与产业、贸易等融合发展亟须加强，境外资本利用率不高等。

习近平总书记多次强调，要拓展和优化区域开放的空间布局，加快我国西部开放发展步伐，并指示四川、重庆等地"打造立体全面开放格局""努力走在西部全面开发开放的前列"。2018 年，四川、云南、重庆、贵州、陕西等十个西部省份均提出了扩大南向开放的战略，并参与到中新战略性互联互通示范项目中，南向开放和通道建设合作格局进一步扩大。2020 年，国家发展改革委发布《西部陆海新通道总体规划》，从国家战略、物流成本和"一带一路"跨区域合作三个层面，统筹规划西部省份扩大对外开放的内涵、空间、通道线路以及建设目标。2021 年，国家发展改革委印发《"十四五"推进西部陆海新通道高质量建设实施方案》，在客观分析西部陆海新通道建设存在的客观问题的基础上，进一步提出通道的建设目标和实施路径。

从开放目标、开放空间和开放路径的视角分析，西部地区扩大对外开放，尤其是南向开放的区域不应局限于西部陆海新通道，而应全面对接"一带一路"六大经济走廊，充分利用"一带一路"建设带来的战略契机和丰富资源，构建高水平的"双循环"新格局，全面提升要素利用效率，补齐基础设施建设短板，推动西部地区经济社会高质量发展。

六大经济走廊是"一带一路"走深走实的具体抓手，是"一带一路"的主要走向、区域经济合作网络的重要框架。面对新的国际与区域复杂形势，抓住重点，把握关键，积极稳妥、扎实推进六大经济走廊建设，确保取得成功、见到实效，不但将为"一带一路"总体建设打开局面，而且有利于消除疑虑、凝聚共识，增强各方信心，汇聚多方资源，为最终实现共建"一带一路"倡议提出的"三个共同体"目标奠定坚实基础。2017 年 5 月，习近平主席在"一带一路"国际合作高峰论坛开幕演讲时强调指出，我们已经确立"一带一路"建设六大经济走廊框架，要扎扎实实向前推进。六大经济走廊包括中蒙俄、新亚欧大陆桥、中国-中亚-西亚、中国-中南半岛、中巴、孟中印缅经济走廊。六大经济走廊作为"一带一路"的战略支柱、主要内容和骨架，将沿线 60 多个发展中国家列为中国对外交往的优先对象，将共建"一带一路"倡议构想落到了实处。六大经济走廊概念的提出与规划的形成对共建"一带一路"倡议的推进实施意义重大。六大经济走廊直接连接俄罗斯、中亚、东南亚、南亚，贯通东北亚、中东欧、西欧、西亚、非洲等地，辐射世界其他区域；对外以线连接、以带支撑，对内推进形成全面开放新格局。从外部看，"一带一路"建设与全世界许多国家和地区实现了战略对接、优势互补，包括俄罗斯提出的欧亚经济联盟、东盟提出的互联互通总体规划、哈萨克斯坦提出的"光明之路"、土耳其提出的"中间走廊"、蒙古国提出的"发展之路"、越南提出的"两廊一圈"、波兰提出的"琥珀之路"等。同时，与老挝、柬埔寨、缅甸、匈牙利等国的规划对接工作也全面展开。此外，中国-中南半岛经济走廊与区域全面经济伙伴关系协定（RCEP）所覆盖的大部分区域高度重合，有效促进了区域经济和贸易一体化进程。目前，以中巴、中国-中南半岛、中蒙俄等经济走廊为引领，以陆海空通道和信息高速路为骨架，以铁路、港口、管网等重大工程为依托，一个复合型的基础设施网络正在形成。从内部看，"一带一路"六大经济走廊与长江经济带、西部陆海新通道、海南自贸港等战略规划相衔接，有效推动了我国构建"双循环"新格局。

共同推动"一带一路"六大经济走廊建设有节奏、分批次地推进交通、信息等基础设施建设和贸易投资自由化、便利化，消除了共建国家内部、跨国和区域间的交通运输瓶颈及贸易投资合作障碍，极大提升了对外贸易、跨境物流的便捷度和国内国际合作效率，构建起全方位、多层次、复合型的贸易畅通网络，推动建立全球贸易新格局，对全球贸易发展发挥了重要促进作用。同时，共建"一带一路"增强了参与国家和地区对全球优质资本的吸引力，提升了其在全球跨境直接投资中的地位。其中，2022 年东南亚跨境直接投资流入额占全球比重达到 17.2%，较 2013 年上升了 9 个百分点；流入哈萨克斯坦的外商直接投资规模同比增速高达 83%，为历史最高水平（新华社，2023）。世界银行《"一带一路"经济学：交通走廊的机遇与风险》研究报告显示，共建"一带一路"倡议提出之前，六大经济走廊的贸易低于其潜力的 30%，外国直接投资低于其潜力的 70%；共建"一带一路"实施以来，仅通过基础设施建设，就可使全球贸易成本降低 1.8%，使中国-中亚-西亚经济走廊上的贸易成本降低 10%，为全球贸易便利化和经济增长做出重要贡献，将使参与国贸易增长 2.8%~9.7%、全球贸易增长 1.7%~6.2%、全球收入增加 0.7%~2.9%。

从空间布局、区域联动、要素交换的角度观察，我国西部地区扩大南向开放的主要区域与"一带一路"六大经济走廊中的中国-中亚-西亚、中巴、孟中印缅、中国-中南半岛四大经济走廊高度重叠。因此，包含四川、重庆、广西、海南在内的西部地区扩大南向开放需秉持人类命运共同体理念，坚持以共同发展为目标，秉持

"和平合作、开放包容、互学互鉴、互利共赢"的丝绸之路精神，坚持开放包容理念，遵从"共商、共建、共享"原则，全面衔接、融入上述四大经济走廊建设进程。具体建议如下。

一是加大基础设施投入，提高通道能力。加快建设成都—格尔木—喀什铁路，推进四川泸州—贵州黄桶—广西百色、黔桂增建二线铁路，进一步提高通道运能。推进云南瑞丽至缅甸曼德勒、老挝万象至泰国等关键节点铁路建设，以及中越、中老、中缅等跨境公路升级改造，提高跨境运输效率。提前规划云南腾冲—缅甸密支那—孟加拉国达卡、缅甸曼德勒—皎漂港、新疆喀什—巴基斯坦伊斯兰堡铁路，提升运输能力，降低物流成本。加强通道多式联运衔接，加快推广运输"一单制"和海关监管"一单制"试点经验，促进沿线规则、标准互认，提高通道软联通水平。

二是抓住 RCEP 机遇，加强贸易投资与产业链、供应链合作，打造陆海联动经济走廊。RCEP 整合了东盟对外签署的自贸协定，其生效后将与现有各类自贸协定叠加，进一步提高区域贸易投资自由化、便利化水平。通道沿线省份应抓住成员国相互降低货物贸易关税和扩大服务投资市场准入的新机遇，利用通道带动中国西部的汽摩、电子信息、智能设备等企业"走出去"，促进东盟国家的电子、轻工和特色农产品经由通道走向中国市场。结合通道可承载的产品、服务特点，加强装备制造、电子信息、石油化工、绿色食品和金融等领域的协同合作，积极构建优势互补、协同联动的跨区域重点产业集群，打造具有竞争优势与发展活力的陆海联动经济走廊。

三是加快陆海新通道的数字化建设，促进沿线地区融入"双循环"经济体系，实现共同、可持续发展。积极搭建陆海新通道物流公共信息和供应链综合服务等功能性平台，为沿线地区提供快速、优质、安全、稳定的数据传输服务，促进物流、供应链以及贸易投资信息的交互共享，提高通道沿线的数字经济合作水平，使更多的中小企业和偏远地区能够通过便捷地利用陆海新通道，融入国内、国际经济循环体系，实现共同、可持续发展。

四是加强国际合作机制对接，扩大"朋友圈"和影响力，共同打造面向未来、惠及四大经济走廊更多沿线国家的标志性旗舰项目。充分利用 CAFTA、澜湄合作、10+3、RCEP、中巴全天候合作伙伴、上海合作组织等现有区域合作机制，带动东盟、中亚、南亚国家参与西部地区对外开放合作。促进西部陆海新通道与中欧班列、长江黄金水道等无缝对接，提升联运服务品质，打造亚欧贸易示范通道，吸引中亚、西亚、欧洲等更多地区的国家参与建设和使用新通道。加强第三方市场合作，创新投融资机制，吸引各方共同融入西部地区对外开放大格局。要根据经济走廊参与方的特点，针对性地增强合作机制建设，并切实加强相关部门之间、地方政府之间等各层级合作机制的建设，并推进标准兼容对接。目前亟须建立的机制包括：设施联通协调机制、投融资合作机制、风险联合防控机制，以及利益协调与争端解决机制等。

五是加强创新领域国际合作。要加强在数字经济、人工智能、纳米技术、量子计算机等前沿领域的合作，推动大数据、云计算、智慧城市的建设，构建21世纪的"数字丝绸之路"，着力弥补沿线国家之间的数字鸿沟和技术鸿沟。要促进科技同产业、科技同金融深度融合，优化创新环境，集聚创新资源。要践行绿色发展的新理念，倡导绿色、低碳、循环、可持续的生产生活方式，加强生态环保合作，建设生态文明，共同实现2030年可持续发展目标。以跨境、边境等国际合作区以及跨境企业项目质检合作为突破口，推动标准互认和新标准制定，"以点带面"推进国家间标准合作。经济走廊建设标准的基本原则应是既适应国际标准发展大方向，又要符合走廊发展的现实需要，即兼顾先进性和务实性。

　　六是着力推动中国西部与"一带一路"经济走廊沿线国家间的民心相通。"一带一路"建设要以文明交流超越文明隔阂、文明互鉴超越文明冲突、文明共存超越文明优越，推动各国相互理解、相互尊重、相互信任。一要建立多层次人文合作机制，搭建更多合作平台，开辟更多合作渠道。二要推动教育合作，扩大互派留学生规模，提升合作办学水平。发挥智库作用，建设好智库联盟和合作网络。在文化、体育、卫生领域，创新合作模式，推动务实项目。三要用好历史文化遗产，联合打造具有丝绸之路特色的旅游产品，进行遗产保护。深化同各国政党、政治组织的友好往来，密切同群众的交流，促进包容发展。加强国际反腐合作，让"一带一路"成为廉洁之路。

　　需要特别说明的是，本书原计划于 2020 年出版，受新冠病毒感染疫情影响，本书延迟到 2024 年出版，虽然作者和编辑已尽力使用了更新至 2022 年的数据，但少部分 2019 年和 2020 年的数据已无法更改，特此向各位读者说明。

尹响

2023 年 9 月

目录

第一章　研究背景与理论分析

一、研究背景与国内外研究动态

（一）研究背景与意义

在经济全球化进一步推进与大国激烈博弈的当下，国际分工更趋多样化、复杂化，对于广大发展中国家而言，进一步扩大对外开放，积极融入全球产业链、价值链和供应链，深度参与国际分工、进行产业结构转型，是产业现代化的必然选择。通过广泛参与多边贸易和全球化生产，发展中国家可按照"市场换技术"的路径吸收发达国家先进技术，发挥本国比较优势，提升要素运行效率，促进本国经济发展。我国自2013年提出共建"一带一路"倡议后，通过共建"一带一路"，塑造了全方位对外开放大格局，构建了广泛的朋友圈（中国已与140多个国家、30多个国际组织签署了合作文件），探索了促进共同发展的新路子，这符合世界上绝大部分国家谋求发展的共同愿望。但是，"一带一路"虽然得到深入推进，但西部地区对外开放的程度仍不如东部地区，既有通道仍存在交通运输瓶颈制约、物流成本偏高、竞争能力不强、有效产业支撑缺乏、通关便利化水平有待提升等突出问题。当前，国内改革正步入深水区，对外开放面临调整转向，经济发展处于换挡期、阵痛期、消化期"三期叠加"的新阶段，社会改革和发展到了矛盾集聚、风险积压、需要攻坚克难、爬坡过坎的关键期（赵天睿 等，2015）。按照高质量、高标准、高水平共建"一带一路"的要求，西部地区应进一步发挥自己的区位优势，进一步扩大南向对外开放，在南向开放中充分发挥连接"一带"和"一路"的纽带作用，深化陆海双向开放，强化措施推进西部大开发形成新格局，推动区域经济高质量发展。

改革开放以来，我国对外开放取得显著成效，参与国际大循环的深度不断加深、广度不断扩展。但我国区域经济发展仍不均衡，东部沿海地区由于其区位、资源禀赋、发展基础、政策等，参与国际大循环的程度更深。我国对外开放总体上呈现出东快西慢、海强陆弱的格局。"一带一路"六大经济走廊的建设，在持续提升东部沿海地区在开放格局中的综合竞争优势的同时，还能够有力助推西部内陆地区成为对外开放的前沿。从国内来看，"一带一路"六大经济走廊的建设，能够推动国内沿线各省份改变不沿海的区位劣势，融入国际大市场；能够推动内陆地区与沿海地区协同开放，形成共建"一带一路"倡议与国内长江经济带、京津冀、西部大开发等区域重大发展战略的协同发展；能够在一定程度上缩小我国东部沿海地区与西部地区的区域差距，消除区域不平衡。区域差距的缩小，将有效助力我国国内大循环的构建（安树伟，2015）。从国际来看，"一带一路"六大经济走廊的建设，能够有效促进我国与欧亚国家的经济联系，通过优势互补释放我国内陆地区的内需潜力。例如，中蒙俄经济走廊将进一步扩大我国东北地区与走廊沿线国家的联系；新亚欧大陆桥经济走廊、中巴经济走廊、中国-中亚-西亚经济走廊在新疆交汇，并进一步向国内延伸到长三角、环渤海、珠三角等发达地区；孟中印缅经济走廊将我国西南地区的西藏、云南两省的沿边优势进一步释放出来；中国-中南半岛经济走廊则涉及广西、云南、四川、重庆、贵州、甘肃等众多的西部内陆地区。因此，六大经济走廊的建设，将推动国内大循环与国际大循环的有效对接，形成"你中有我、我中有你"的良性互动。

（二）国内外相关研究的学术史梳理及研究动态

1. 基于习近平经济思想，中国西部地区扩大对外开放的政治经济学阐释

古典政治经济学提出了"全球贸易""世界商场""世界市场"的概念，并认为基础设施便利化，即新航路的开辟和生产力的发展有利于世界市场的形成与扩大。马克思在对前人成果批判性吸纳的基础上，形成了对世界市场的相关论述。他认为：工业革命是世界市场形成的主要原因，交通运输、通信的发展是技术条件，国际价值规律是世界市场运行的基本规律，世界市场既是资本主义生产方式的前提和基础，又是它的结果。马克思世界市场理论是经济全球化发展的理论支撑，即全球化的发展是客观的历史进程，是不可逆转的，是国际经济秩序建立的重要依据及贸易自由化推进的理论指南（杨圣明 等，2018）。不少学者着重分析经济全球化与世界市场理论的关系，并对"逆全球化"的表现、趋势、影响等进行了研究（栾文莲，2005；魏守军 等，2009；廖晓明 等，2018）。在继承了马克思世界市场理论的基础上，邓小平提出对外开放是事关国家民族

前途命运的根本性战略问题，并强调了对外开放的作用、对象和方式等，拉开了改革开放的序幕。党的十八大以来，中国开放型经济发展进入新阶段，习近平总书记总览战略全局，顺应全球经济面临深度调整、世界格局发生深刻变化的趋势，围绕我国对外开放发表的一系列重要论述，全面回答了新时代我国如何对外开放、如何发展开放型经济的重大问题，继承和发展了邓小平对外开放思想，推动我国对外开放不断向广度、深度和高度发展。习近平总书记提出了对外开放的共赢义利观，即"我们在处理国际关系时必须摒弃过时的零和思维……只有义利平衡才能义利共赢"。全面开放"不仅要深化沿海开放，还要加快内陆和沿边等地区开放，不仅要推动制造领域开放，还要加大服务领域开放；不仅要面向发达国家开放，还要强调向发展中国家开放"。习近平经济思想和习近平外交思想充分阐释了西部地区扩大对外开放以及实施更高层次对外开放的意义和方式，具有重要的指导作用。

2. 新时代中国西部地区扩大对外开放、深化跨区域国际合作的地缘政治经济学阐释

地缘政治经济学由传统地缘政治学演化而来。20世纪"冷战"结束后，在全球产业分工合作与经济一体化进程中，全球经济治理问题凸显。针对这种情况，美国学者首次提出了地缘经济学（geo-economics）的概念，认为世界已经进入地缘经济时代，开启了"通过调控、参与等手段来占领世界经济版图，发挥地缘影响力的竞争新模式"（Luttwak，1990）。在地缘政治学和地缘经济学的基础上，该领域学者进一步提出地缘政治经济学（geo-polinomics）的概念，认为在全球经济一体化进程加快的背景下，大国力量博弈从军事政

治向经济领域转移，通过"硬实力"和"软实力"叠加，综合形成地缘政治经济影响力（Baru，2012；科切托夫，2001；Smith，2002）。还有学者认为，中国西部地区沿"一带一路"六大走廊向南、向西实施对外开放，扩大了中国在相关区域的地缘政治经济影响力，通过在特定空间范围内政治和经济的互动，基于地理区位、资源禀赋、经济结构等因素形成了国家间合作、联合或竞争等经济关系（卢光盛，2004；黄仁伟，2010；高德步 等，2018）。

3. 中国西部地区的南向开放问题还应在空间经济学、发展经济学框架下进行综合分析

国内外学者从区域经济学和空间经济学的角度，进一步佐证了扩大对外开放、深化国与国之间的分工协作有利于经济发展。在中国西部地区进行南向开放和构建陆海通道时，线路选择和通道建设的秩序问题可通过基于外生化分析的空间经济学理论来进一步阐释。古典区位论着重运用静态局部均衡、一般均衡的分析方法来分析如何通过比较成本和收益去选择最优的经济区位，即空间区位选择的"成本决定"与"利润决定"（杜能，1997；韦伯，1976）。南向开放的枢纽城市的选择问题可进一步在发展经济学和新地理经济学框架下进行分析，此时，空间被视为一种影响区域经济发展的内生变量。发展经济学理论认为，经济增长在不同的空间是非均衡的，应通过不断培育新的空间增长极，用新的空间不平衡替代原来的空间不平衡，维持经济增长（Perroux，1950；赫希曼，1991）。Krugman（1991）基于规模报酬递增和不完全竞争假设，建立了"中心—边缘"模型，在非均衡理论基础上，从集聚力和扩散力的角度来研究经济活动的空间集聚。此外，中国西部地区扩大南向开放，首先要

优化基础设施条件，发展"通道经济"。发展经济学还将基础设施纳入经济增长的内生变量，强调资本积累、基础设施投资和劳动力对经济增长的作用，并通过建立内生增长模型来说明基础设施等公共产品可以降低其他生产要素成本，阻止边际生产力下降，促进社会劳动和经济的长期增长（Rosenstein，1943；Barro，1990；Bougheas et al.，2000）。还有学者从实证层面验证基础设施对跨国区域经济增长的重要性（魏下海，2010；葛杨，2017）。从"一带一路"建设视角看，通过基础设施建设连接"一带一路"经济走廊，对我国西部地区扩大对外开放、加速资源互换、促进经济转型升级有重要作用；同时，中国支持西部地区深化改革和对外开放，改善了西部地区的交通状况、基础设施条件，使区域协调发展水平明显提高，为全球贫困治理提供了中国方案和中国智慧（蔡昉，2017）。西部地区的对外开放不同于东部沿海地区，要根据空间和地理优势实现"西进南下"和"海陆并进"，在通道和贸易方面积极对接孟中印缅、中新等经济走廊，努力建成"内陆开放高地"。此外，由于构建南向陆海通道需要投入大量要素，在资金、劳动力等资源硬约束条件下，线路和空间选择应纳入帕累托最优和成本收益理论的分析框架（盛斌 等，2018）。

二、"构建人类命运共同体"的概念及主要内容

（一）概念及意义

"构建人类命运共同体，建设持久和平、普遍安全、共同繁荣、

开放包容、清洁美丽的世界。"党的十九大报告中的这句话，道出了构建人类命运共同体的思想内核。人类命运共同体是一种价值观，是中国在把握世界发展潮流、人类命运走向上展现出的深邃智慧。习近平总书记强调："人类命运共同体，顾名思义，就是每个民族、每个国家的前途命运都紧紧联系在一起，应该风雨同舟，荣辱与共，努力把我们生于斯、长于斯的这个星球建成一个和睦的大家庭，把世界各国人民对美好生活的向往变成现实。"构建人类命运共同体的内涵丰富，可以从政治、安全、经济、文化、生态五个方面来理解。政治上，要相互尊重、平等协商，坚决摒弃冷战思维和强权政治，走"对话而不对抗、结伴而不结盟"的国与国交往新路。安全上，要坚持以对话解决争端、以协商化解分歧，统筹应对传统和非传统安全威胁，反对一切形式的恐怖主义。经济上，要同舟共济，促进贸易和投资自由化、便利化，推动经济全球化朝着更加开放、包容、普惠、平衡、共赢的方向发展。文化上，要尊重世界文明多样性，以文明交流超越文明隔阂、文明互鉴超越文明优越。生态上，要坚持环境友好，合作应对气候变化，保护好人类赖以生存的地球家园。

"构建人类命运共同体、实现共赢共享"的意识贯穿了中国外交理念的方方面面，比如：互信、互利、平等、协商、尊重多样文明、谋求共同发展的"上海精神"；和平合作、开放包容、互学互鉴、互利共赢的"丝路精神"；共同、综合、合作、可持续的"亚洲安全观"……人类命运共同体这一超越民族国家和意识形态的"全球观"，表达了中国追求和平发展的愿望，体现了中国与各国合作共赢的理念。人类命运共同体理念是习近平新时代中国特色社会主义思想的重要组成部分，也是对马克思世界市场理论和人类共同体理论在新历史条件下的传承和发展。马克思认为："创造世界市场的趋势已经直接包含在资本的概念本身中。"工业革命带来的生产力跃升是世界市场形成的主要原因，交通、电报等基础设施的发展促进了资源的交换，国际价值规律促进了世界市场发展及经济全球化，这都是资本在全球自然运动、演化的客观进程，是不可逆转的。在经济全球化进程中，资本运动和自我循环的内在矛盾也被无限放大。在全球信息流、技术流、人才流、资金流快速流动的大背景下，没有任何国家能够独自应对人类面临的各种挑战，如安全、冲突、发展、生态等问题，世界各国需要携手合作、实现共赢（杜飞进，2020）。习近平总书记强调，当今世界正经历百年未有之大变局，科技进步日新月异，全球产业链分工进一步深化和细化，生产的全球协作性进一步增强，经济联动性进一步提高；经济全球化为经济提供增长动力的同时，也存在发展失衡、治理困境、数字鸿沟、公平赤字等问题，全球治理体系的不适应性日益凸显，在形式和内容上面临新的调整。构建人类命运共同体，包含了国与国之间、地区与地区之间互利共赢、多边汇聚利益共同点和谋求最大公约数的新理念；同时还积极推动构建相互尊重、公平正义、合作共赢的新型国际关系，推进人类和平与发展的崇高事业。其进一步阐明："我们在处理国际关系时必须摒弃过时的零和思维……只有义利平衡才能义利共赢"。

在经济全球化方面，要促进贸易和投资自由化、便利化，推动经济全球化朝着更加开放、包容、普惠、平衡、共赢的方向发展。按照马克思的人类共同体理论，人类社会必将从"以物的依赖性为基础的人的独立性"的资本主义社会共同体，即虚幻的共同体，向个人自由全面发展的共产主义社会共同体，即真实的共同体发展，归根结底就是"全人类的解放"。实现"个人自由全面发展"的核心要义是人类的普遍安全和可持续发展。在马克思人类共同体理论基础上,党的十九大提出要"构建人类命运共同体,建设持久和平、普遍安全、共同繁荣、开放包容、清洁美丽的世界"。构建人类命运共同体,一是要反对以牺牲别国安全换取自身绝对安全,要营造公平正义、共建共享的安全格局,实现普遍安全;二是要坚持把发展问题放在全球政策协调的突出位置,秉持开放、融通、互利、共赢的合作观,实现各国经济社会协同进步,缩小发展差距,促进共同繁荣;三是要坚持环境友好,合作应对气候变化,努力构建人与自然和谐相处的美丽家园,保护好人类赖以生存的地球家园。

(二)主要内容

人类命运共同体是 21 世纪初由中国共产党首先提出、倡导并推动的一种具有社会主义性质的国际主义价值理念和具体实践。它强调,在多样化社会制度总体和平并存、各国之间仍然存在利益竞争和观念冲突的现代国际体系中,每一个国家在追求本国利益时兼顾他国合理关切,在谋求本国发展中促进各国共同发展。其核心理念是和平、发展、合作、共赢,其理论原则是新型义利观,其建构方式是结伴而不结盟,其实践归宿是增进世界人民的共同利益、整体利益和长远利益。从其理论来源和价值目标来看,人类命运共同体也是马克思恩格斯共同体性质的国际主义思想与中国历史文化传统中的"天下主义""和合主义"相结合,在 21 世纪的中国的土壤上生长起来的中国特色的"国际主义"(李爱敏,2016)。此外,揭示人类命运共同体的深层思想根据,并为促进人们对于人类命运共同体的自觉提供思想力量，是哲学不可回避的一个重大理论与现实课题。对人类命运共同体的深刻关注和思考，是马克思哲学的核心议题之一。马克思通过赋予"类"概念以全新的内涵，表达对人类命运共同体深切的价值关怀，为理解人类命运共同体奠定了重要的思想基础，并为人类命运共同体的生成提供了现实的道路（贺来，2016）。人类命运共同体的价值意蕴具有历史、现实和未来三重维度。从历史维度看，人类命运共同体是在摒弃传统"帝国"体制和极端"国族"认同基础上形成的一种新型文明观；从现实维度看，人类命运共同体是在扬弃西方"正义论"和继承中华优秀传统文化基础上形成的一种"正确义利观"；从未来维度看，人类命运共同体是在超越"均势"和"霸权"两种国际秩序观基础上形成的一种新型国际秩序观。全球化视野下，人类命运共同体三重维度的价值定位，昭示着中国作为一个以人类命运共同体为价值诉求的新型"文明型"国家的崛起（徐艳玲 等，2016）。人类命运共同体的意蕴、价值、制度和文化与西方全球主义的不同，人类命运共同体在价值共识上提倡真正的全人类价值，而不是所谓的普遍化的西方价值；在制度设计上尊重当前以《联合国宪章》为基础的秩序和规则，强调主权平等，反对帝国霸权；在文化上，主张尊重多样性，各文化间和而不同，包容互鉴，反对文明优越论和普世论（丛占修，2016）。从人类历史的发展全局来看，"一带一路"既是经济发展的过程，也是东西方文明对话的过程，更是建构未来人类命运共同体的过程。"一带一路"的根本目标在于实现人类的和谐发展，以建构面向未来的人类命运共同体。当前，共建"一带一路"倡议具备难得的时代机遇和资源（明浩，2015）。

　　构建人类命运共同体是习近平新时代中国特色社会主义思想中具有战略高度和现实紧迫感的伟大构想，充分彰显了当代中国共产党人的理想追求和智识精神。构建人类命运共同体作为破解全球性治理难题的中国智慧和中国方案，是对 21 世纪历史唯物主义理论发展的原创性贡献。在历史唯物主义的理论视野中，人类命运共同体是人类社会发展道路中不同社会形态基于互利共赢的基本导向和价值理念共同推进全球化发展的过程和图景，它立足于"人类社会"的哲学立场，促进人类真正的"普遍交往"，从而形成具有更高"共同性"水平的人类利益，并在变革全球治理体系的基础上推动全球生产力均衡发展，为实现更美好的世界景象奠定坚实的物质基础和精神基础。构建人类命运共同体的中国智慧为历史唯物主义的发展带来了前所未有的理论效应，创造了诠释历史唯物主义理论的新路径，使其具有新的思想形态；同时通过对人类命运共同体进行建构性阐释，历史唯物主义理论也实现了自身的理论目标和价值追求，人类命运共同体必将成为全球化时代的一种建构性世界观（刘同舫，2018）。人类命运共同体基于人类社会共生性关系的现实，以人类社会的共同价值为核心价值，吸收了中华民族传统文化的优秀成果，继承和发展了马克思主义的社会共同体理论以及党的几代领导人的国家战略思想。它集统一性、全面性、系统性和综合性于一体，以"五位一体"为核心支柱。人类命运共同体思想是对马克思主义社会共同体思想的继承和发展，拓展了中国特色社会主义理论，它以中国的智慧建构了国际社会关系发展过程中新的交往范式（邵发军，2017）。人类命运共同体已成为习近平外交理论与实践的内核。

　　中国梦与人类命运共同体互为机遇。其一，中国的命运与世界

11

的命运紧密相连，中国梦与人类命运共同体之梦相互依存，相得益彰，承载着中国建设美好世界的崇高理想和不懈追求。中国有两个梦想，一个是中国梦，一个就是构建"共有共享的人类命运共同体"的"世界梦"。中国梦的实现离不开人类命运共同体的建设，中国梦的实现将为世界带来红利，这对人类发展具有重要意义。其二，世界期待中国发挥更大作用。倡导构建人类命运共同体，展现了中国的历史担当，提升了中国的国际议事能力和参与塑造国际规则的能力，增强了中国政策的透明度和可预见性，赢得了国际赞誉。人类命运共同体助力中国特色大国外交，它生动地呈现了中国的"世界梦"，是继"新型国际关系"后的又一重大国际关系理念，超越了历史上大国争霸的"零和博弈"窠臼（阮宗泽，2016）。构建人类命运共同体是习近平新时代中国特色社会主义思想的重要组成部分。国际格局的深刻变革呼唤全球治理的新方案，构建人类命运共同体的中国方案应运而生。构建人类命运共同体是在经济全球化浪潮中崛起的中国提出的一个新命题，是历史必然性、实践自觉性、理论创造性有机统一的时代产物。人类命运共同体是以"人"为主体的共同体发展到经济全球化时代的表现形态，它包含了相互依存的利益共同体、和而不同的价值共同体、共建共享的安全共同体、同舟共济的行动联合体等基本内涵，具有主体多元化、价值包容性、层次多样性、关系复杂性、结构变动性等时代特征。构建人类命运共同体应该坚持协商对话、共建共享、合作共赢、交流互鉴、绿色低碳等基本原则和价值目标（郝立新 等，2017）。

三、经济走廊的概念及理论

（一）非均衡发展理论

从 20 世纪 50 年代起，诸多经济学家就区域发展的不平衡、产业发展的不平衡等一系列不平衡问题进行了大量探讨。赫希曼（1959）认为，发展道路是一条"不均衡的链条"，从主导部门通向其他部门。首先集中资金和其他资源选择带动作用明显、具有重要战略意义的产业部门和区域进行投资，从而带动其他产业部门的发展。他将这一非均衡发展战略视为促进整体经济发展的最优路径。Myrdal 提出了区域非均衡发展的累计循环因果关系理论，他认为欠发达国家经济体中存在地理空间二元经济结构理论，即经济发达地区与不发达地区并存，经济发达地区优先发展，随后通过扩散效应与回流效应对其他落后地区产生"双刃剑"影响。该理论与我国提出的"先富带动后富"观点有相似之处。法国经济学家 Perroux 在1945 年提出了关于区域间非均衡发展理论——增长极理论，认为经济增长以不同的强度出现在某些点上，通过区域间经济非同步增长最终对整个经济产生作用。法国经济学家布代维尔（Boudeville）则将增长极内涵运用在地理空间当中，强调了增长极的空间特征。他认为，经济空间有三类，即均质区域、极化区域与计划区域，并主张通过规划增长极推进相关地区工业化发展，继而带动其他地区的经济进步。该理论提出，由于区域中的主导产业和创新能力强的组织能够发挥牵引作用，因此相关领域的资本、人才、技术、产品、市场和生产力等要素在某一区域高度聚集，呈现要素在空间的集群化现象，并导致最后形成独特的产业经济区。Williamson（1965）则认为经济发展阶段与区域间经济差异存在倒 U 形关系。一国经济发展初期，区域间经济状况差距将逐渐扩大，而到了经济发展后期，区域间经济状况差距将逐渐缩小。

（二）"点-轴"系统理论

1984 年，经济地理学家陆大道在乌鲁木齐召开的全国经济地理和国土规划学术讨论会上做报告《2000 年我国工业布局总图的科学基础》，提出"点-轴"系统理论，该报告正式文本发表于 1986 年。"点-轴"系统理论是陆大道先生在中心地理论、空间扩散理论以及增长极理论的基础上提出的。该理论最初被用于分析社会经济空间分布和空间组织模式问题。通过不断发展，其逐步被应用于区域旅游空间结构研究、区域物流等级划分、西部大开发战略布局分析、沿海产业带发展等多个领域。"点-轴"系统中的"点"是指各级中心地，是各级区域的集聚点，是带动各级区域发展的中心城镇。"轴"是指在一定方向上联结若干不同级别的中心城镇而形成的相对密集的人口和产业带——由于轴线及附近地区已经具有较强的经济实力和发展潜力，"轴"亦可称作"开发轴线"或"发展轴线"。也就是说，轴线不是单纯几个中心城镇之间的联络线，而是一个社会经济密集带。陆大道认为，经济中心总是首先集中在少数条件较好的区位，这就是"点-轴"开发模式的"点"。随着经济发展，生产要素交换需要交通线路以及动力供应线、水源供应线等，点与点之间相互连接起来就会形成轴线。这些轴线也会吸引人口、产业向轴线两侧集中，从而产生新的增长点，点轴贯通就形成"点-轴"系统。在此基础上，陆大道（1986）又提出了 T 字形发展战略，认为东部沿海和长江沿岸地带构成的 T 形地域具有地理位置优越、经济技术雄厚、交通便捷等多项优势，应当作为全国一级重点开发轴线，重点建设、重点布局以实现最佳空间组合。

（三）通道经济理论

发展通道经济就是通过对交通运输基础设施（含通信基础设施）项目的投资，改善区位条件、加强区域经济联系，这有利于发挥"点-轴"系统的集聚扩散功能，增强区域比较优势，刺激区际贸易增长，从而形成交通运输建设与区域经济发展的紧密互动关系。通道经济是以良好的地理环境、自然资源和人文条件为基础，依托交通通道的地缘优势、布局和产业结构规划，实现产业向通道集聚和扩散，进而实现区域整体经济的发展。通道经济的发展进步依赖通道本身，这与科技进步及生产力的提高密不可分。按照交通类型来划分，通道经济可以分为陆路型通道经济、水路型通道经济和复合型通道经济。通道经济以交通干线连接主要经济中心区域和资源富集区作为发展条件，其主要特点是轴线线路与生产力布局、城镇体系建设结合紧密，工业、商贸、服务业等沿轴线集聚和扩散。通道经济发展将中心城市相连接，以交通干线为依托，通过点与点之间跳跃式配置资源要素，进而通过轴带的功能，促使各节点间、产业间建立密切联系，由此对整个区域发挥带动作用。发展通道经济的本质是开放经济、流通经济、服务经济和产业经济。

交通干线或综合运输通道、以第二产业和第三产业为主的产业体系、中心城市和中小城镇群是发展通道经济的三个要素。交通干线的重点投资建设是通道经济形成与发展的前提条件。通过对交通项目投资改善区位优势，进而调节经济活动在空间上的分布。随着交通、通信技术的不断进步，一条主干线发展成为多条主干线（含通信基础设施），组成综合运输通道，为沿线客货运输、商品交流提供越来越便利的条件。沿交通轴线逐步发展的产业，特别是工业、通道产业构成通道经济的主要内容。产业的集聚形成规模经济效益和集聚经济效益，产业的扩散促使产业结构调整升级，产业的集聚与扩散成为推进通道经济发展的动力。沿线分布的中心城市和中小城镇群是空间结构的节点，是通道经济发展的依托。对于经济地域来说，城市是区域经济发展的中心，其中心作用越强，就越能带动区域经济向更高水平和更大规模发展。在通道经济发展初期，主副经济中心城市的不断被极化会形成增长极；随着增长极的辐射、带动功能的发挥，沿线将形成一系列各具特色、分工不同而又有紧密联系的中小城镇群，这是通道经济进入成熟期的空间标志。

（四）产业集群理论

产业集群有时简称集群，指在某一特定领域（通常以一个主导产业为主）中，大量产业联系密切的企业以及相关支撑机构在空间上集聚，并形成强劲、持续的竞争优势。产业集群理论强调发挥区域内各种资源的整合功能，主要利用自组织力量或市场力量"自下而上"地构建区域专业化分工，充分发挥区域分工的外部性，形成聚集经济效应。产业集群最突出的特点是众多产业关联密切、地理空间集中、以相互信任和承诺为交易协作基础的中小企业之间形成一种比纯市场结构稳定，同时又比科层组织灵活的特殊的组织结构。在这种组织结构下，企业之间建立以互信互利为基础的竞争与合作关系，企业不仅可以获得交易成本、生产成本等下降带来的"内部经济"，还可以享有技术外溢、资源共享等带来的"外部经济"，从而使集群企业比区外企业拥有更强的市场竞争力。作为新型区域发展理论，产业集群理论吸收了过去区域发展理论的积极因素，增加了更适合当前市场经济环境的合理因素。产业集群能够形成区域产业特色、细化产业分工、优化产业结构、减少产业组织内损耗、降低交易成本等竞争优势。

产业集群的思想最早可以追溯到 19 世纪末 Alfred Marshall 有关产业集聚产生外部经济的研究。后来，韦伯在 1909 年出版的《区位原论》中通过对各种生产要素以及运输成本的研究，从成本—收益的角度进行分析，提出了工业区位的选择原则，为工业区位论的形成奠定了基础。20 世纪七八十年代，"第三意大利"的研究者针对意大利东北地区的企业建立在产业分工和柔性专业化之上的生产模式和空间集聚现象，提出了著名的"新产业区理论"。但是，真正对产业集群产生重大影响的是哈佛大学教授 Michael Porter，他于 1990 年出版的《国家竞争优势》一书强调，国家竞争优势产业是通过一个高度的本地化过程创造和发展起来的，并提出要在国内建立"本垒"，国家的竞争力取决于本垒产业的创新和升级能力。他提出的"钻石模型"对产业集群竞争力分析以及集群升级具有重要的指导意义。产业集群升级的提法来源于 Gereffi 在全球价值链理论中提到的产业升级。由于全球劳动分工的存在，某些产业或中间产品往往在某一国家的某一地区集中，处于全球价值链的某一环节。Humphrey

和 Schmitz 等人针对发展中国家这种相对孤立的产业集群，提出发展中国家可以通过嵌入全球价值链并在价值链中向附加值高的方向转移以获得产业集群升级的看法，这无疑强调了集群外部联系对于升级的重要性。国外不同的集群理论对产业集群升级的研究角度不同，提出的升级途径也各有侧重，以 Marshall、Krugman 为代表的工业区理论研究者认为，当地中间产品的投入、熟练劳工的集聚以及技术知识的外溢是产业集群升级的关键因素。因此他们建议要在集群的产业中引进生产中间产品的企业、建立培训机构和科研机构，走产学研合作发展之路。以 Porter 为代表的新竞争模型研究者从国家竞争的角度看待产业集群升级，认为制定正确的产业政策、营造有利于中小企业创新的发展环境能够促进产业集群升级。上述理论从不同角度提出了各自的观点，对产业集群升级的实践产生了积极影响。但从目前来看，产业集群升级理论的探索和实践在国际范围内仍处于发展和研究的初级阶段，亟待深入研究。

四、"互联互通"的概念及理论

（一）经济增长理论

经济增长一直以来都是理论经济界研究的核心问题。经济增长不同于经济发展，经济发展的概念更为宽广一些，但是经济增长是发展过程中的关键，没有经济的增长，经济的可持续发展、人均收入的提升、国家综合实力的增强、贫困人口的减少就没有基础。经济学家一直尝试寻找并深刻理解经济增长的决定因素，同时希望掌

握快速增长或缓慢增长经济体之间的特征。1776 年，Adam Smith 在
《国富论》中就开始研究探讨这一关键问题。随着相关经济理论的进
一步完善，后续经济学家发现对经济增长起重要作用的因素包括：
投资的数量及类型、福利保障、自然资源和地理禀赋、政治制度的
性质和公共政策的选择等。

　　在古典经济学理论框架中，经济增长的核心要素就是可增加的
资本和劳动力。Adam Smith（1776）认为，通过增加劳动人口、提
高劳动效率和增加资本积累就能够实现经济增长，而劳动效率的提
升取决于劳动分工的专业化程度，但这一程度又受市场容量的限制。
从这一分析中，斯密推断出市场规模的扩大和积累的资本规模的扩
大是稳定经济持续增长的关键。在斯密的研究基础上，David Ricardo
（1821）认为，促进经济增长的因素常常集中在自然因素、投资和资
本积累，以及人口增长，即外延式的增长方式。而古典经济学派的
主要学者如 Say（1798）、John Mill（1861）等均认为：第一，自然
资源是经济增长的基础。丰富的自然资源对经济具有积极作用，地
理位置和气候条件对于农业发展至关重要，自然资源匮乏的国家可
以通过参加国际分工和贸易条件促进经济增长；第二，投资和资本
积累至关重要，丰富的资本存量是一国经济发展的重要因素，增加
资本存量需要对现期消费采取克制态度，把创造的财富节省下来形
成新的资本；第三，劳动人口增长，即增加劳动力资源投入以配合
资本的增加，从而共同带来经济增长。Malthus（1820）提出的悲观
的人口理论建立在技术不进步的基础上。从 John Mill 之后，新古典
经济学逐渐兴起。奥地利经济学家 Böhm-Bawerk（1892）率先提出
了"边际效用"这一概念；而英国经济学家 Marshall（1919）则是
一位集大成者，他将上述几人的学说融汇到一起，建立了以均衡价

格理论为核心的完整经济学体系。新古典经济增长理论认为，在技术进步、制度创新以及教育与人力资本方面论述生产率的提高，即所谓的对集约经济增长的讨论。首先是人力资本因素。新古典经济学认为，丰富的人力资本能够有效提升劳动者或国家生产产品的能力和提供服务的效率。教育是对人力资本的投资，知识和技能依附于劳动者个人，并表现为他们的素质，随着人力资本对现代化的重要性不断增加，教育对经济增长的作用相应增加。其次是技术进步。技术可以改变生产函数及其性质，技术进步把知识运用到生产和经营活动中，提高经济活动的效率，创造和满足需求。创新理论十分强调技术进步对经济增长的作用。最后是制度因素。政府和市场互动构成的经济制度对经济增长产生影响。政府提供公共产品、调节收入分配、保护和界定产权，市场则提供竞争的机制。企业中的制度创新和流程再造对经济增长的作用日益得到经济学家的重视。

（二）基础设施与经济增长

中国是一个地区差异极大的发展中大国，改革开放40多年的时间，基础设施建设投资对经济增长起到了非常重要的拉动作用，这也与国内外诸多文献的观点相一致。林毅夫认为，中国现阶段的发展水平相当于20世纪50年代的日本和20世纪70年代的韩国，故在未来20年里，以投资为主导的发展模式仍是可行的。Barro通过内生增长模型，发现政府提供基础设施等公共产品，可以促进经济的长期增长。Demetriades、Mamuneas、Morenoetal将基础设施看作政府提供的公共产品，改善企业的投资环境，降低企业成本，能够进一步促进整体经济的发展。Walt Rostow也认为经济起飞的前提条件是优先发展基础设施。Bougheas 等（2000）认为，具有生产性的基础设施作为中间品投入经济建设，可以降低其他生产要素成本，进而提高经济的生产率，同时基础设施投资可以阻止其他生产要素的边际生产力下降，促进社会劳动再分工，使经济获得内生增长动力。Harod（1939）和 Domar（1946）在 Keynes（1936）的经济增长理论基础上提出的经济增长模型中强调资本积累、基础设施投资和劳动力对经济增长的作用，即"资本决定论"。

但也有学者认为基础设施投资会阻碍经济增长。Paul Evans 和 Georgios Karras（1994）利用 1970—1986 年美国各州的面板数据对政府投资的有效性进行研究，发现除教育投资能正向促进生产外，政府其他投资对经济有负面影响。刘永进（2007）采用 1985—2004 年中国的面板数据进行估算，认为基础设施投资对经济增长的影响不显著。李强和郑江淮（2012）认为，密度过大的基础设施投资会对人力资本产生"挤出效应"，不利于经济增长。Khalifa Ghali（1998）运用多元协整法构建矢量误差修正模型进行实证研究，得出：长期来看，基础设施投资对私人投资和经济增长都起到阻碍作用。

部分文献研究了不同地区的基础设施投资对经济增长的作用与效应。李扬（2014）认为基础设施投资促进或抑制经济增长，由不同地区的工业化水平、人才结构和基础设施投资存量等因素决定。汤智民（2010）对 1989—2008 年中国中部地区的基础设施投资数据进行研究，认为基础设施投资的增长与经济增长正相关。杨艳和罗霄（2009）使用面板数据对中国西部 11 省 1986—2006 年的基础设施资本存量进行研究，认为西部地区基础设施资本存量增长对经济增长有着显著的正效应。

第二章　中国西部地区扩大对外
开放的思想逻辑及理论阐释

一、西方政治经济学及马克思主义政治经济学对于
扩大对外开放的理论解释

扩大对外开放对于一国经济发展的意义被西方的经典经济学家和新古典主义经济学流派阐释得很充分，自由贸易可以通过国家分工等方式来发挥各个国家和地区不同的比较优势，从而实现总体福利的最大化。而主张贸易保护主义的重商主义流派和凯恩斯流派则着重论述了资本主义体系的世界贸易体制之中蕴含的收益分配不公正的问题。马克思主义经济学则从整个资本主义经济体系的发展角度来论述世界市场形成的必然性，充分揭示了发达国家对不发达国家的剥削行为。马克思主义经济学论述了世界市场的形成和完善对于促进资本主义生产方式最终被无产阶级革命所取代的重要意义，并且指出即便是落后的国家也可以通过参与资本主义世界市场来促进自身的发展。

(一) 新古典主义政治经济学对"世界市场"的解释

英国古典政治经济学创始人 William Petty 是第一个从重商主义学派转入古典学派的经济学家。Petty 最先探讨了传统市场经济的内核,即价值与价格、价格与竞争等要素。他在《政治算术》中阐述了航海对于开拓世界市场的重要性,指出航运发达的国家"能够轻易地掌握世界的贸易"。他鼓励英国争夺世界市场的观点说明他已经意识到世界市场对于资本主义发展的重要性。并且他初步论述了不同国家之间的贸易将促进资源的合理分配以及产业的均衡发展。虽然总的来说,他的这些经济学思想还十分粗糙,也没有严密的系统性,但是他的思想标志着市场经济思想的初步创立,具有重大历史意义(王仲君,1996;杨圣明 等,2018;McCormick,2020)。Adam Smith 关于市场作用的"无形的手"的理论深深影响了西方古典经济学的发展。一般认为,"看不见的手"的本质是市场机制。Adam Smith 认为在一个自由竞争的市场中,每个人追求个人私利的行为会自然地产生使社会集体利益最大化的结果。此外,他还认识到劳动分工有助于提高社会整体的生产力水平,而分工能够达到的程度则取决于资本的积累程度和市场规模。因此,他得出了通过国家之间的自由贸易来把各个地区连接为同一个大市场可以促进经济增长的论述(赵茂林 等,2015;Dupont et al.,2021;Montes,2020)。

David Ricardo 有关比较优势原理的论述也是支持自由市场及国际贸易的重要思想。他认为国内市场当中生产要素可以自由流动,于是当某个生产领域的利润较高时会吸引生产要素流入,提高生产力并最终使较高的利润消失。但是国际市场生产要素流动性较差，导致各国之间在不同产品上的劳动生产力差距长期存在（Tabuchi et al.，2017）。同时，即便某国在许多商品的绝对生产率上有优势，但是由于该国总的劳动生产能力有限，因此该国也会倾向于进口自己相对不易生产的产品。根据这一理论可以得出，具有不同劳动生产率水平的国家都可以在国际贸易体系中找到自己具有比较优势的生产部门，并通过国际贸易增进世界总体财富（龚云鸽，2018）。

现代的西方新古典主义经济学家们也继承了上述古典经济学家的思想精髓，进一步论述了自由开放的国际市场与国际贸易的重要性。20 世纪初，Eli. Heckscher 及其学生 Beltil Ohlin 提出了资源禀赋学说，指出各国应该集中生产并出口那些充分利用本国充裕要素的产品，以换取那些密集使用其稀缺要素的产品，这样的贸易模式使得参与国均可获利。20 世纪 70 年代以来，新贸易理论代表人物 Paul Krugman 将 Avinash Dixit 和 Joseph Stiglitz 提出的垄断竞争模型推广到开放条件下，创立了"新张伯伦模型"。该模型证明了当市场结构从完全竞争变为不完全竞争，且达到规模报酬递增阶段的时候，即使两国间没有技术和要素禀赋差异，产品水平差异性和规模经济也可推动国际贸易。Bela Balasa 和 Jagdish Bhagwati 则明确指出，广泛采用进口替代政策会付出高昂的代价，不利于发展富有生命力的工业部门和企业。他们把"亚洲四小龙"的成功作为证明发展中国家也可以利用国际贸易来发展经济的例子（茶宏旺，1995）。Gottfried Von Haberler 指出，国际分工和贸易可以提高参与国的经济福利与收入，因而潜在地对经济发展有利，而且国际贸易将带来间接动态收益。加拿大经济学家 John Keynes 则认为，发展中国家应该特别重视市场机制，因为市场除了可以解决稀缺资源在不同目的之间进行配置的问题外，还能刺激消费者挣得更多的收入来实现消费满足的最大化，刺激投资者投资人力资本与物质资本来实现利润的最大化，使国民经济得到相应的增长（张军延，2004）。以上这些观点都说明了自由的国际市场和融入国际生产贸易体系对于一国经济发展的重要作用。

（二）重商主义与凯恩斯主义对贸易收益公平
分配的重视

重商主义和凯恩斯主义的保护贸易理论认为，贸易利益在出口国和进口国之间的分配是不公平的。其中，重商主义是最原始的贸易保护主义。重商主义者认为财富即金银。由于一定时期内国际上的金银总量是有限的，因此如果一国在对外贸易中能够少买多，保持贸易顺差，就可以使国外的金银流入国内，增加本国财富。所以一国贸易顺差越大越好。出口国能够获取贸易利益，而进口国则承担相应损失，这就导致了国际贸易为零和博弈。基于这样的考虑，一国政府应通过奖出限入的政策来提高本国在国际贸易利益分配格局中的地位。由重商主义者的观点可以看到：该观点只考虑了商品流通领域而忽视了生产领域；只注意到贸易利益在国家间的分配问题，而没有考虑保护政策可能使生产资源流向低效率生产部门，从而降低国内资源配置的效率（Delgado，2015）。1841 年，德国经济学家 Freidrich Liszt 在其《政治经济学的国民体系》一书中对幼稚产业保护理论进行了系统发展（迟焱淼，2021）。他指出，国家应对国内一些有发展潜力但是仍不足以面对国际竞争的产业进行扶持，比如限制外国货物进口、帮助本国企业抢占国内市场等，等到国内产业足够强大之后才放开国际贸易。这样的话，即便初期可能导致国内消费者不得不以更高的价格来购买商品，但从长期来看，本国产业的发达将更加有效地促进本国国民福利的增加（Cheng et al., 2019）。

20 世纪 30 年代后，因资本主义世界经济大危机而兴起的凯恩斯主义在保护贸易思想方面沿袭了重商主义的思想。凯恩斯认为扩大贸易顺差可以扩大需求，进而保持经济繁荣、挽救失业。凯恩斯主义学派认为，一国在未达到充分就业时，可以通过扩大净出口直接增加本国的有效需求，而贸易顺差可以通过增加本国货币供给、压低利率并刺激私人投资来间接增加本国的有效需求，这就可以促进本国的产出和就业增加。进口国则相反。这一理论虽然为国家调控国内经济提供了解释，但是同样没有考虑微观层面的可能由贸易保护产生的资源配置效率下降问题。

到了 20 世纪 70 年代，随着日本、西欧在经济上的崛起，美国的一些产业面临着越来越大的国际竞争。美国出台了《1974 年贸易改革法》，掀起了"公平贸易"的一轮贸易保护主义浪潮。这一轮贸易保护主义浪潮包括反倾销、反补贴等多种非关税措施，保护的对象也扩大到与贸易有关的投资、环境、就业、服务等社会生活领域的诸多方面（王丽萍，2008）。

重商主义、幼稚产业保护理论和凯恩斯主义关于国际贸易中的国际收益分配不均衡的论述具有重要意义。从国际贸易现实来看，虽然主张自由贸易的学说其地位明显高于主张贸易保护的学说，但是具体到各国政府的政策制定，贸易保护主义思想的影响还是十分巨大的（Wu，2018）。这是因为古典经济学家所倡导的世界自由贸易虽然有利于扩大世界范围内的生产力，促进财富总量的增长，但具体到贸易政策上，国家仍有可能为了公平问题而采取贸易保护主义政策。这提醒我们，如果想要让自由贸易和开放国际市场成为世界各国共同遵守的政策，就需要注重建立更为公正合理的国际贸易利益分配体制，要注意克服全球贸易对于落后国家国内产业的冲击、不公正的国际贸易制度等问题（Gregori，2021）。

（三）马克思主义对"世界市场"的成因、作用的解释及其意义

马克思曾计划分六册著作来阐述对资本主义经济进行研究后的成果。这六册著作分别是：第一册《资本》、第二册《土地所有制》、第三册《雇佣劳动》、第四册《国家》、第五册《对外贸易》、第六册《世界市场》。马克思在生前并没有完成如此宏大的写作计划，但是他曾经提到过他的写作构想：前三本书是研究一国国内的资本的作用、剩余价值的分配等问题；后三本则把视角放到整个国际体系之中，分析资本如何越过国家的边界发挥作用，以及对外贸易和世界市场的形成所产生的资本主义世界总体经济。马克思把对世界市场的研究作为其经济学理论体系最后的一部分，把世界市场作为其理论的逻辑归宿（栾文莲，2005）。资本主义生产方式的不断发展，以及对廉价原材料和销售市场的不断追求促进了世界市场的形成。世界市场的形成为世界资本主义的发展以及世界性经济大危机的爆发提供了条件，也为无产阶级革命奠定了基础（Smith，2005）。

1. 马克思"世界市场"理论

马克思世界市场理论一方面源于马克思对周围现实社会的观察与思考，另一方面来源于他对前人成果批判性的吸纳。最早，古典政治经济学家们提出了"全球贸易""世界商场""世界市场"的概念，并认为基础设施便利化，即新航路的开辟和生产力发展有利于世界市场的扩大，这便是世界市场理论的雏形。在前人研究的基础上，马克思将世界市场作为其政治经济学逻辑体系的较高阶段进行研究，高度重视国际贸易和世界市场问题。

2. 马克思"世界市场"理论的主要内容

第一，关于世界市场的形成和拓展，马克思认为世界市场形成的基本前提是集市的兴起与城市的发展。新航路的开辟和地理大发现极大地刺激了资本在世界范围内的投入和扩张，从而实现生产的扩张，客观上促进了全世界范围内的经贸联系越来越密切。工业革命使世界主要工业国家的生产力水平迅速提高。一方面，资本在生产力作为支撑后迫切需要开拓世界市场以获取更大利润；另一方面，新技术的诞生和新航道的开辟也为世界范围内的贸易提供了交通便利。因此，资本的扩张属性与市场在世界范围内的扩张自然而然地结合在了一起，客观促进了世界市场的发展。

第二，马克思认为世界市场既是资本主义生产方式的前提和基础，又是它的结果。资本主义生产方式的特征是商品生产。这决定了资本主义生产方式一方面需要更广泛的市场来提供廉价原料和劳动力，以实现扩大再生产；另一方面需要世界市场来出售生产的商品，避免产能过剩。正如马克思所说，资本家为了寻求利润奔走世界各地，最终使得世界各地在经济上越来越紧密地联系在一起。

第三，马克思认为，世界市场的形成将对更大范围剩余价值进行剥削，并产生全球性的经济大危机。不同国家内部的劳动生产率不同，在商品遵循等价交换的一般规律引导下，出现了马克思所说的"一个国家的三个工作日也可能同另一个国家的一个工作日交换"的现象，在商品进行国际交换的过程中，就产生了跨越国界的剥削行为，即劳动生产率高的国家对劳动生产率低的国家形成了事实上的剥削，而看似平等的等价原则掩饰了真正的不平等。此外，世界市场将经济危机这一原本只在单个国家发生的现象扩散至世界其他国家，而世界范围内的经济大危机比发生在单个国家的危机严重得多。资本主义经济危机的本质是资本家对工人剩余价值的剥削导致工人必需品消费能力不足，因而产生资本无法完成出清这一"危险的跨越"，进而产生商品生产过剩问题。当资本主义生产方式仍局限在一国之内时，过剩的商品就可以通过开拓国际市场来加以消化；但在世界市场形成以后，世界市场的过剩危机将无法被进一步消化，最终将爆发波及整个世界的经济大危机，世界经济只能通过衰退和破产的方式完成出清，并且由于各个国家之间的联系愈发紧密，以及信贷制度的出现，这一危机将更加严重。

第四，马克思认为，世界市场为共产主义最终战胜资本主义准备物质基础和阶级条件。随着世界市场的发展，资本主义自身无法克服的矛盾会愈发凸显，危机的爆发会使得消灭私有财产和剥削的要求越来越强烈，无产阶级战胜资产阶级的呼声也将更加强烈（杨圣明 等，2018）。

第五，马克思、恩格斯在探讨经济落后国家的经济发展问题时，由世界市场的发展所形成的世界各地普遍交往就能够使落后国家在更高的层次上与经济发达的资本主义国家实现贸易往来，进而促进生产力发展。马克思写道："只有对外贸易，只有市场发展为世界市场，才使货币发展为世界货币，抽象劳动发展为社会劳动。""只有对外贸易才使作为价值的剩余产品的真正性质显示出来。"落后国家也应该参与到资本主义世界市场当中，并利用该市场来提升本国的生产力。世界市场的快速发展，为经济全球化提供了现实条件。一方面，经济全球化以世界市场中的经济运行机制为依托，使各国经济活动紧密连接；另一方面，经济全球化是世界市场形成、发展、运行的结果。

对于中国西部地区来说，由于地理区位、工业基础等原因，在改革开放中所取得的成绩不如东南沿海地区。总体来看，西部地区仍然比东部地区落后。从地理角度来说，中国西部地区身居亚欧大陆内部，并没有便利的海上航运通道。而过去的资本主义世界经济体系的物流运输主要是通过海上贸易通道来完成的，这就导致了从传统的对外贸易的交通运输方式来看，中国西部地区对外开放的条件似乎先天不足。前文中诸多经济理论已经充分说明一个地区如果想要发展就必须加入世界市场，加强与外部世界的互联互通。但是，如果从陆路运输的角度来看，中国西部地区紧邻亚欧大陆的核心位置，有许多陆上邻国，借助陆路交通可以方便地向中国西部邻国乃至欧洲大陆的国家发展陆路贸易。因此，西部地区的对外开放必须要着眼于陆路交通的建设，侧重与中国西部邻国的互联互通。与中国西部相邻的国家如中亚的哈萨克斯坦、吉尔吉斯斯坦、乌兹别克斯坦、塔吉克斯坦、土库曼斯坦，南亚的巴基斯坦、孟加拉国、尼泊尔，以及位于中南半岛的老挝、泰国、越南、缅甸、柬埔寨等国，这些国家面临着劳动生产率低、在世界产业价值链中处于下游、国内贫富差距分化严重等问题。中国西部地区在对外开放的过程中一是要更加注重向周边地区的发展中国家开放，二是要与发展中国家共同推动产业现代化，并构建更加公平的国际贸易利益分配机制，形成更加紧密的利益共同体和发展共同体，形成区域经济新秩序。在此背景下，中国西部邻国会更加积极主动地与中国加强经济合作，构建紧密不可分割的价值链和供应链，并参与构建中国提倡的国际经济新秩序，这有利于中国的长远利益。

二、对基于习近平经济思想和习近平外交思想的中国西部地区扩大对外开放的解释

习近平经济思想和习近平外交思想为中国西部地区的对外开放实践指明了道路。

（一）习近平经济思想和习近平外交思想的形成与提出的背景

1. 邓小平关于对外开放的论述

邓小平是中国改革开放的总设计师。四十多年前，他面对着中国与西方国家巨大的发展差距，面对着新的世界局势，提出了"和平与发展是当今世界的主题"这一伟大论断。之后，又进一步提出了中国在未来的发展战略是"改革开放"。通过改革国内原有的经济社会体制来刺激生产力发展，并适应向世界开放以后对国内经济社

会体制的新要求。要通过向世界开放来获得西方发达国家的资金以及先进的技术、体制、管理经验，并进一步推动国内的改革。

邓小平指出，对外开放是事关国家民族前途命运的战略问题，并且是必须长期坚持的基本国策。他回顾历史后说道，自明朝中期到鸦片战争，正是中国的闭关锁国政策导致了中国与西方列强的差距越拉越大。"经验证明，关起门来搞建设是不能成功的，中国的发展离不开世界。"面对 20 世纪 80 年代末世界局势的变化以及国内关于改革开放是姓"资"还是姓"社"的争论，邓小平在 1992 年的南方谈话中提出"发展是硬道理"，强调对外开放政策不能改变，强调主要防止"左"，也要警惕右，提出计划与市场不是判断是社会主义还是资本主义的标准，将不争论姓"社"还是姓"资"作为一项制度确定下来，确保了改革开放事业能够继续进行下去。

关于对外开放要注意的问题，邓小平一方面强调对外开放必须是全方位、多形式、宽领域的开放，另一方面也强调对外开放必须是积极稳妥、风险可控的，必须坚持四项基本原则（全毅，2018）。邓小平提出必须要大力吸收外国的资金、技术和先进管理经验。开放的对象上，既要向西方国家开放，也要向苏联和东欧国家开放，还要向发展中国家开放（邓小平，1984）。开放的具体方式也要多种多样，要先让东南沿海地区发展起来，然后让资金和技术更多地惠及中西部地区。开放领域从竞争性较强的劳动密集型制造业开始，再到交通能源等原材料重化工工业，再到金融保险等服务业，而对事关国计民生的关键产业则禁止外商投资。此外，要坚持走社会主义道路，坚持独立自主原则，对任何有损我国主权和合法利益的附加条件都要坚决拒绝。这些思想对于我国的对外开放事业有着重大的指导意义。

邓小平确立的对世界上所有国家开放的思想拓展了我国对外经济活动的空间范围，促进了我国东北以及中西部各省份的对外经济发展，对提升我国在国际中的地位具有重要的战略作用。他提出的创建经济特区、沿海开放地区、经济技术开发区、保税区、高新技术开发区等多种开放区域形式，采取的"经济特区—沿海港口开放城市—沿海经济开发区—内地—边疆民族地区"的对外开放渐次推进战略等，对于指导中国特色社会主义对外开放实践、丰富中国特色社会主义对外开放思想都具有重要的意义。

2. 当今世界全球化的趋势

根据西方新古典主义经济学以及马克思主义政治经济学的分析可以得知，世界市场的建立、扩大以及世界范围内的劳动分工是世界发展的大趋势。如今世界各个国家的经济发展紧密联系，也就是所谓的经济全球化。

但是近年来，逆全球化潮流却愈演愈烈。逆全球化潮流的产生，主要是人们对于以下三方面不满。一是对于贫富差距的不满。二是一直以来操纵着世界经济秩序的资本力量，而这又以跨国集团为代表。三是对于全球性问题的担忧，如气候环境问题，全球化的工业大生产引发的最明显的问题就是全球温室效应（廖晓明 等，2018）。以上问题产生的根本原因是过去的经济全球化是西方资本主义发达国家为了将自身利益最大化而推动的不公正的全球化。一方面是不公正的国际经济秩序使得发展中国家不能真正与发达国家平等进行国际贸易。另一方面是西方发达国家优先考虑自身的利益，没有将全人类的共同发展作为政策制定的标准。这就造成了在过去的全球化过程中，发展中国家的利益没有得到保证，各个国家内部在经济全球化过程中产生的收益也没有被合理分配（黄思宇 等，2022）。

与此同时，世界范围内以中国为代表的新兴经济体国家快速崛起。而当今世界的经贸体系和规则从根本上看仍是为了维护西方发达国家的利益而建立和制定的。新兴经济体在国际组织中的投票权不足。新的国际经济贸易体制已经不能体现变化了的世界经济格局。因此建设新的国际经济秩序，为发展中国家提供发展机遇，建设一个符合发展中国家利益的经贸体制以及一个能够更好促进全球性问题解决的全球治理机制成为迫切需要。

3. 近年来中国经济面临的内外环境

习近平经济思想和习近平外交思想是基于近年来中国发展所面临的内外环境的新变化而提出的。从世界产业技术的发展变化来看，以 5G、物联网、机器人、人工智能、大数据、云计算、高速物流运输技术等新技术为代表的新一轮产业革命方兴未艾。根据马克思主义政治经济学，技术和生产力的变化必然带来分工的深化和交换的扩大，分工反过来又促进生产效率的提高。这都促使经济全球化的深入以及世界范围内产业分工的进一步发展，也将对世界经济格局产生深远影响。中国需要牢牢抓住新一轮产业革命的机遇，进一步培养本国高价值产业链。与此同时，中国经过改革开放四十多年的发展，不仅已经深深融入了世界产业分工体系，而且正一步步地向着产业链、价值链的上游迈进，有能力也有责任帮助其他发展中国家实现更好的发展。而面对中国的崛起，一些西方国家感受到了威胁，它们遏制中国的产业升级，不惜发动对华贸易战、进行技术封锁等。这就对中国原有的以发达国家为主的对外开放格局造成了影响。

　　改革开放以来，我国东部地区的对外开放水平明显高于中西部地区，开放布局不均衡，开放的主要领域为一般制造业，服务业开放程度较低，对外开放也不够全面、不够协调。中国国内日益增长的经济对于能源和新资源的需求也需要更稳固的货物运输通道。为了更好地促进自身的发展和全世界的共同繁荣，中国必须积极主动地融入世界，尤其是促进中国西部地区融入世界，推动对外开放朝向更深层级发展。面对国内外的新局面，习近平经济思想和习近平外交思想应运而生。

（二）习近平经济思想和习近平外交思想关于扩大开放的核心内容

1. 习近平经济思想和习近平外交思想关于扩大开放的基本内容

　　概括来说，习近平经济思想和习近平外交思想关于扩大开放的基本内容主要体现在以下四个方面。

　　首先是国内要推动形成全面开放新格局。这主要是针对过去的开放主要是针对发达国家，以及东南沿海率先开发的问题。在改革开放之初，世界范围内的货物贸易主要是通过海运进行，东南沿海地区工业基础较好，同时中国迫切需要向西方发达国家学习技术、管理经验，获得资金，于是中国选择了优先发展东南沿海并且主要向发达国家开放。但是这一政策也导致了中国国内地区发展的不均衡以及西方发达国家的打压和封锁。党的十八大以来，在习近平经济思想和习近平外交思想的指导下，我国实施了一系列推进全面开放的新举措，不断改善对外开放环境，积极发展全球伙伴关系，秉持亲诚惠容理念，全面加强同世界各国的平等互利合作，扩大各方利益交汇点，着力推动实现出口市场多元化、进口来源多元化、投资合作伙伴多元化。我国更加注重对外开放的提质增效，不断完善外贸与投资布局，开放领域从以制造业为主向以服务业为主转变，重点推进金融、教育、文化、医疗等服务业领域的有序开放，倒逼服务业国际竞争力的整体提升，放开育幼养老、建筑设计、会计审计、商贸物流、电子商务等服务业领域外资准入限制，进一步促进服务贸易投资自由化、便利化，实现多领域对外开放。党的十九大报告正式提出推动形成全面开放新格局，具体表述为：要以"一带一路"建设为重点，形成陆海内外联动、东西双向互济的开放格局；赋予自由贸易试验区更大改革自主权，探索建设自由贸易港。其中"陆海内外联动，东西双向互济"的表述为中国西部地区扩大开放指明了方向。西部地区扩大开放不仅有利于西部地区的发展，而且有利于拓展中国对外开放的对象，增加与发展中国家的经贸往来和产业合作。

其次是国际上要构建开放型世界经济。习近平指出："总体而言，经济全球化符合经济规律，符合各方利益。"但是西方发达国家从维护自身优势地位的角度出发，面对中国在全球产业链上地位的不断攀升，不惜采取贸易战等逆全球化手段来打压中国。同时，突如其来的新冠病毒感染疫情也给世界范围内的人员和物质流动带来了巨大挑战。但即使面对重重挑战，中国的对外开放事业也需要继续坚持进行下去。面对美国的贸易战，中方坚持斗争，并积极扩大与其他国家的经贸往来，在 G20 峰会等国际场合积极倡导实现普惠包容，共同发展。面对新冠病毒感染疫情的冲击，中国坚持通过云技术线上线下结合举办中国进出口商品交易会（简称广交会）、中国国际进口博览会等一系列活动来维护全球的自由贸易体制。中国已经越来越成为世界范围内维护自由贸易体制的中坚力量。至于中国如何构建开放型世界经济，从根本上来看就是要改变过去不合理的国际经济秩序，让广大发展中国家也能够从开放的世界经济中公平获益。

再次是坚持互利共赢的开放理念，改革全球经济治理体系。党的十九大报告把党的十八大以来所形成的全球经济治理新思想凝练为"中国秉持共商共建共享的全球治理观，倡导国际关系民主化，积极参与全球治理体系改革和建设"。中国在新时代的对外开放政策的重要一点就是构建全球经济新秩序，以及推动现有国际经济贸易体制体现发展中国家的利益和诉求。中国经济经过几十年的发展，已经有能力为全球治理提供一定的公共产品。比如，亚洲基础设施投资银行（简称亚投行）的投资具有普惠、绿色、共赢属性，但往往投资收益率不高、建设周期长的基础设施项目，从而促进当地经济发展。为更好为中低收入国家基础设施发展提供融资支持，中国政府决定在亚投行成立初期不从亚投行大量贷款。

最后是提出了共建"一带一路"倡议和构建人类命运共同体的伟大构想。中国的对外开放战略中，强调互利和共享，具体做法是通过共建"一带一路"倡议来推进互联互通、基础设施建设，推进资源技术的共用，推进发展成果的共享，而不是利用开放的机会让本国强大的同时损害他国的利益。过去西方发达国家所主导的全球化是以让自身利益最大化为主导逻辑的。当国际格局的变化不利于这些国家时，就可能主动放弃这一由其所构建的体制，从而引发国际冲突。而中国的对外开放秉持"义利兼顾，以义为先"的正确义利观，注重构建公正合理的国际经济新秩序，让发展中国家摆脱发达国家通过实质上的不平等国家交换而对其进行剥削的现状。基于经贸合作，并针对西方发达国家越来越不愿意为全球提供自由贸易体制以及越来越不愿意主动承担全球治理责任的现状，中国进一步提出了构建人类命运共同体的伟大构想。关于这一伟大构想的含义，党的十九大报告做出了明确的概括：构建人类命运共同体，建设持久和平、普遍安全、共同繁荣、开放包容、清洁美丽的世界。中国提出并大力推动的共建"一带一路"倡议，正是致力于构建人类命运共同体和全球治理新思维新模式的中国智慧和中国方案。英国著名学者马丁·雅克高度评价道："中国提供了一种'新的可能'，这就是摒弃丛林法则、不搞强权独霸、超越零和博弈，开辟一条合作共赢、共建共享的文明发展新道路。这是前无古人的伟大创举，也是改变世界的伟大创造。"

2. 习近平经济思想和习近平外交思想关于对外开放的理论贡献与中国的对外开放实践

习近平经济思想和习近平外交思想对于对外开放的理论贡献主要体现在促进中国实现更好发展，促使世界共同繁荣两大方面。在世界经济交往中，国际分工从简单的发达国家与发展中国家之间的二元分工转变为发达国家与发达国家之间、发展中国家与发展中国家之间以及发达国家与发展中国家之间的复杂分工，国际分工更趋多样化，各国参与国际分工的比较优势发生了重大变化。尽管我国的劳动供给优势依然存在，但近年来呈现减少趋势，国内的资本丰裕程度在不断提高，生产要素的供给模式正在从劳动密集型向资本密集型转变。习近平经济思想和习近平外交思想适应了国内国外大局的这两大转变，将曾经强调的对外贸易转变为贸易与投资并重，

"引进来"与"走出去"并重，并通过共建"一带一路"倡议来实现这一理念的转变。共建"一带一路"倡议是中国在全球贸易投资萎缩、贸易保护主义抬头的情况下，坚定维护世界自由贸易体制，同时积极构建国际经济新秩序、构建人类命运共同体的重大举措，是中国为了实现全人类共同发展所做出的重要贡献。共建"一带一路"倡议一方面通过加强沿线国家合作，尤其是发展中国家合作，另一方面通过基础设施建设，为全球化提供了新的动力，用实践证明了习近平经济思想和习近平外交思想的科学性。坚持合作共赢、共商共建共享的理念，坚持"五通"的合作模式，中国与"一带一路"沿线国家的合作不断深化，有力地回应了逆全球化趋势（蒋瑛等，2018）。正如习近平主席所说，共建"一带一路"倡议自从提出以来已经取得了"实打实、沉甸甸的成就"。共建"一带一路"倡议，提高了国内各区域开放水平，拓展了对外开放领域，推动了制度型开放，构建了广泛的朋友圈，探索了促进共同发展的新路子，实现了同共建国家互利共赢（新华社，2021）。

三、地缘政治经济学对中国西部深化对外开放的阐释

地理因素对于一个地区的政治、经济等方面的发展具有重要影响。"地缘"一词是"地理缘由"的简称（李世杰 等，2020），地缘政治经济学是专门研究地理因素对于一个国家的政治经济发展的影响以及国家应采取的政策的学科。随着"一带一路"建设的深入

推进，中国各省积极推进与其他国家的贸易合作，为更加开放的经济全球化助力。此时，西部陆海新通道规划出台，强调西部地区要与东南亚地区开展更加紧密的经贸合作，发挥西部地区连接"一带"和"一路"的纽带作用，深化陆海双向开放。由于共建"一带一路"倡议和西部陆海新通道规划在地缘上、经济上的链接与合作，采用地理和经济因素相结合的地缘政治经济学来阐释中国西部地区沿"一带一路"扩大对开放具有充分的合理性。

（一）地缘政治经济学的发展与意义

1. 地缘政治学的发展

地缘政治学在 20 世纪 80 年代才真正兴起。早期地缘政治理论深受"社会达尔文主义"的影响，借助自然生物规律来解释大国权力扩张的规律。拉采尔与契伦开创了"地理决定论"与"国家中心论"两大理论范式，将国家视为一种生命有机体，认为国家只有在不断扩张中才能生存下去。这种理论的逻辑结果就是大国要为了拓展自己的地理空间而积极扩张，从而为霸权国的扩张行为构建合法性。这方面的代表理论是德国的"生存空间论"，以豪斯霍费尔（Karl Ernst Haushofer）为代表的德国地缘政治学派认为，决定大国兴衰的关键因素是地缘空间（黄仁伟，2010）。这种学说推动了纳粹德国的对外侵略。冷战期间，美国在南亚、中东、东南亚构建同盟体系，试图包围苏联及东欧其他国家的行为等都体现了这种地缘政治思维。早期的地缘政治学说根据具体地理空间的不同，又演变出了"海权论"和"陆权论"。"海权论"的鼻祖马汉（Alfed Thayer Mahan）为适应美国扩张的战略需要，提出以"海权遏制陆权"的战略构想。马汉认为，制海权对美国的兴衰存亡具有决定性意义，美国只有控制海洋以及具有战略意义的半岛、海峡和岛屿，才能控制世界贸易进而控制世界财富，最终统治全世界（Holmes et al.，2017）。20 世纪初期，当时的世界霸主英国面临着来自德国崛起所带来的严重挑战，传统的海权论已经难以适应现实。麦金德（Halford John Mackinder）认为，海权与陆权的力量此消彼长，两者之间存在的各自固有优势无法被取代。他提出的战略论断是"谁统治东欧，谁就能主宰心脏地带；谁统治心脏地带，谁就能主宰世界岛；谁能统治世界岛，谁就能主宰全世界"。二战结束后，苏联的崛起似乎印证了麦金德的观点（Mukherjee et al.，2018）。二战结束后世界格局的演变以及苏联统治了所谓心脏地带的现状促进了地缘政治学的创新。麦金德在 1942 年就对"陆权论"做了重要修正并预言：苏联在战胜德国后则成为世界最强陆权国，而美国则成为世界最强海权国。根据这一观点可以推出二战后的美苏对峙实际上就是陆权与海权的对峙。基于这点认知，斯皮克曼（Nicholas John Spykman）修正了麦金德的学说，提出了"边缘地带论"，得出了"欧亚大陆的边缘地区是世界战略的关键地带，谁控制了边缘地区谁就能控制世界"的观点。这一边缘地区大致就是今天所说的亚太和印太地区。冷战甚至今天的美国对华遏制都体现了所谓"边缘地带"的特点（刘敬家 等，2015）。由此可见，地缘政治学的发展与世界政治格局的变化紧紧联系，并可以为变化了的世界格局提供解释以及为大国提供战略指导。

2. 地缘经济学的兴起与发展

地缘经济学是伴随着 20 世纪 80 年代以来世界政治局势的缓和

以及世界经济竞争的加剧而发展起来的。早在1979年，哈佛大学教授沃格尔（Ezraf F. Vogel）就指出，美国人开始认识到日本给美国带来的严重经济竞争。20世纪80年代，随着日本经济实力的不断增强，日本对美国贸易顺差越来越大，对美国投资及收购美国企业的行为也越来越多。大批媒体开始大肆宣传日本将在经济上控制美国（卢光盛，2004）。这种思想促进了人们对经济竞争的关注。冷战结束后，地缘经济因素的重要性进一步超越政治因素。在这种思维的基础上，卢特沃克（Luttwalk）在其1990年发表的论文《从地缘政治学到地缘经济学》中首次系统阐释"地缘经济"概念，并提出地缘经济是影响国际关系的一个重要因素。卢特沃克进一步提出地缘经济学理论框架。他认为贸易争端必然导致战争的逻辑已经被相互依存的共同利益和战略合作所取代。在经济全球化的背景之下，地缘经济学开始关注以大国为核心的经济板块以及这些板块之间的竞争。同时，这些板块内部的各个国家之间也是既有合作又有竞争。地缘经济学家基本上将世界经济板块划分为美国、欧洲、东亚三大板块。在地缘经济学理论研究中，主要有两个研究中心——美国和欧洲；三个研究学派——美国学派、俄罗斯学派和意大利学派。美国学派推崇自由市场，强调经济因素，认为地缘政治冲突正逐步被地缘经济利益所取代，国家和地区与跨国公司一样，是国际经济关系的主体参与者，以收益和成本为利益衡量的标准，最大限度地参与国际经济组织，维持良好的国际经济关系。相对于地缘政治注重国家边界和位置而言，地缘经济更侧重消费者和投资者的经济利益。为了达到一定的政治目的或实现自身的某些经济利益，国家要尽可能地通过国际经济组织，运用经济、金融手段，对目标国进行经济影响，而不是通过外交和军事手段实现自己的目标。俄罗斯学派强调地理因素对地缘经济学的影响，试图通过将包括气候、地理特点等影响国际地缘经济关系的因素全部纳入分析框架，来建构能够实现国家间战略利益均衡和避免技术模式碰撞的一般化的地缘经济分析模型（李敦瑞 等，2009）。意大利学派推崇地缘经济学与地缘政治学的融合发展，认为地缘经济学的发展是以地缘政治研究为基础的，地缘经济学实际上是经济地缘政治学，政治和经济之间总是存在着紧密的联系（丁利荣 等，2009），将经济现象与政治目标挂钩，通过两者的双向互动，来确定国家发展的目标和行为。地缘经济学对传统地缘政治学既是挑战，又是继承。作为一门战略研究学科，它的研究主题是国家经济竞争对国际战略空间的影响，其中包括经济竞争将如何取代军事对抗成为 21 世纪国际关系的主流。从这个角度来看，地缘经济学与地缘政治学都是研究地缘角度的国家间竞争如何影响国家利益，只不过前者研究经济领域，后者研究政治领域。但也必须注意到地缘经济学开始超越"国家中心论"以及对于"高级政治"的关注，开始注意研究国家之间的共同安全及共同利益，并逐步超越传统的地理扩张与势力范围的零和博弈思维（黄仁伟，2010）。

国外经济学学者融合了地缘政治学和地缘经济学的内涵，进一步提出地缘政治经济学（Geo-polinomics）概念，认为在全球经济一体化进程加快的背景下，国家之间的竞争与角逐并没有消失，大国力量博弈从军事政治向经济领域转移，通过"硬实力"和"软实力"叠加，综合形成地缘政治经济影响力（Baru，2012）。地缘政治经济学将国际政治与地理、经济因素结合起来，研究政治关系中的地理、经济等因素，以及地理、经济因素在国际关系中的影响。地缘政治经济学研究包括三个层面：一是基于地理、生态关系的视角，强调自然资源、地理区位、基础设施等因素的重要性，认为地理因素是进行政治、经济分析的基础；二是基于经济关系的视角，强调地缘经济关系、经济战略、经济利益对国际政治、国际关系的影响；三是基于政治关系的视角，强调地缘政治关系、政治权力、军事权力的重要性，探究其对地缘经济、国际关系走势的影响。众多的中国学者也对当前的地缘政治经济问题提出了自己的看法。实际上，现代国际关系中的政治地理因素与经济因素是密不可分的，国际政治问题往往由经济问题引起，从经济的角度去认识全球地缘政治经济关系已经成为新时代国际博弈的重点。随着国际经济组织及区域合作协议的增加，地缘空间特点和分布对特定地区的政治经济秩序、经济贸易规则、权力结构、未来区域合作路径的影响越来越大。

3. 中国的崛起需要新的地缘政治经济学理论进行阐释

传统的地缘政治经济学是伴随着大国的崛起与列强争霸而兴起的。其中的很多内容对于中国的崛起有借鉴意义。但是地缘政治学理论基本上是基于大国扩张争霸的需要而构建的，不符合中国希望的和平发展道路以及当今世界和平与发展的主题。即便是地缘经济学涉及研究国家间的共同利益，但是其主要也是为了维护具体某国的国家利益。而中国如果想要实现和平崛起，就必须要提出自己的超越西方地缘政治经济学理论的新理论，阐明中国可以通过政治和经济的合作来与周边国家实现和平相处，实现和平崛起与共同发展。当前，时代的主题是和平与发展，国家间联系日趋紧密，以军事斗争来攫取国家利益的博弈方式已逐渐落下帷幕，经济竞争和合作成为国际博弈焦点（张丽君，2001）。生产方式和内容能否顺利转换为地区发展潜力、生活条件能否顺利转化为地区竞争力、生产条件与生活条件是否一致，这些都是用来衡量特定区域内经济生活与其政治目标间的结合程度的。结合程度越高，对外合作的潜能越大，应对外部经济、政策变化的调整速度越快，有利于促进特定区域内政治经济的良性循环，实现合作共赢的理念目标。随着经济全球化，国家间、区域间的地缘经济关系不该止步于国家间的竞争、冲突，而是该着眼于全球，展开国家间、区域间的合作，实现互利共赢，这正好与中国提出的共建"一带一路"倡议是相符合的（Zhu，2021）。中国西部邻国之间发展差距巨大，国家、民族、宗教之间的矛盾错综复杂，恐怖袭击、教派冲突、资源危机等都是这一地区面临的严重问题。中国西部地区该如何与西部邻国实现互联互通，加强经贸往来？如何让西部邻国接受中国的和平崛起，并从中国的崛起中获得红利从而也促进自己的发展？习近平经济思想和习近平外交思想为这些问题提供了答案，其中包含的人类命运共同体、"合作共赢"等内容进一步完善了地缘政治经济学理论框架，对中国西部沿"一带一路"扩大开放具有理论和现实指导意义（陆大道等，2013；王立胜，2018）。

（二）习近平经济思想和习近平外交思想与地缘政治经济学理论

1. 中国西部所面临的地缘政治经济局势

中国西部地区包括云、桂、黔、川、陕、渝、甘、青、宁、藏、新、蒙 12 个省份，总面积超过 680 万平方公里，与蒙古国、俄罗斯、塔吉克斯坦、哈萨克斯坦、吉尔吉斯斯坦、巴基斯坦、阿富汗、不丹、尼泊尔、印度、缅甸、老挝、越南13个国家接壤，陆地边境线长达1.8万余公里，约占全国陆地边境线的91%。同时，西部12省份与东南亚许多国家隔海相望，有大陆海岸线1 595公里，约占全国海岸线的1/11（刘世庆 等，2018）。与我国西部接壤的周边国家，各国间经济实力悬殊，既有俄罗斯、印度等经济大国，又有尼泊尔、吉尔吉斯斯坦、塔吉克斯坦、越南等经济小国。各国在经济结构、资源结构、地理位置等方面差异较大，因而存在着相互依存的互补性。这是中国西部地区对外开放的有利条件（邢国均，2006）。但同时，这些国家之间在民族、宗教、历史、文化、社会制度等方面差异巨大。有的国家之间有着很深的历史积怨，中国与一些国家之间的经济合作甚至可能被视为对他国的威胁。有的国家内部政局不稳或者受到恐怖主义威胁，有时会发生针对中国企业的袭击事件。在这种情况下，中国的对外经济合作要探索出一条与各国合作共赢的国际合作新路。只有让邻国政府和人民感受到与中国合作的好处，以及中国希望实现共同发展的美好愿望，中国才能在如此复杂的经济形势之下让西部地区的对外合作行稳致远。人类命运共同体构想就是以上思想的集中体现，共建"一带一路"倡议则是重要的具体实现路径。

2. 人类命运共同体构想是对传统地缘政治经济学的完善与超越

传统的地缘政治经济学强调通过对具体地理区域特点的分析来实现对特定区域的控制，追求政治经济利益的最大化，从而实现或保持一国或国家集团在全球范围内的优势地位（佟家栋，2017）。其强调的是国家之间的竞争，强调维护单个国家的国家利益。按照传统地缘政治学的理论来看，中国西部地区对外开放的地区正好是所谓的"心脏地带"和"边缘地带",这就导致了中国的周边国家和一些域外大国对中国的地缘政治经济合作项目可能存在戒心。然而中国的人类命运共同体理念并不是基于竞争而是基于合作。通过共建"一带一路"倡议的实施来增强各国之间的政策沟通、设施联通、贸易畅通、资金融通、民心相通,以此实现沿线国家的共同发展,并通过发展促进这些国家内部的和谐稳定。第一,中国不以剥削、控制其他国家为目的。在中国的对外开放进程中,中国秉持正确义利观,通过产业合作等方式帮助发展中国家提升本国的产业制造能力,从而在国际贸易中公平获利。与之前一些世界大国的对外援助项目不同,中国的对外援助不附加任何政治条件,注重维护他国主权。第二,中国强调促进各国共同发展。中国秉持"共商、共建、共享"的原则推动具体合作项目的落实,真正做到了照顾发展中国家的利益。西方一些发达国家所构建的国际经济旧秩序是为了维护发达国家的利益,一些条款不利于发展中国家的发展;而中国推动构建的全球贸易自由、投资便利、金融自由化的国际经济环境,以及强调公平贸易的国际经济新秩序和开放型国际经济体系将有利于世界各国的经济发展。第三,中国的人类命运共同体构想也有助于中国自身利益的实现。改革开放四十余年的经验证明,对外开放是中国经济发展的重要推动力,一个自由的国际贸易、投资和金融环境是中国延续其发展态势的关键(佟家栋,2017)。同时,随着科技和经济的发展,流行性传染病、气候变化、经济危机、跨国犯罪等一系列全球性问题的出现充分说明了人类的命运越来越紧密地联系在一起,中国的发展离不开世界整体的进步。因此,只有超越了传统的地缘政治经济学的人类命运共同体倡议,才能真正满足当今世界和当今中国的需要。

3. 推动形成全面开放格局的观点指引西部地区对外开放

中国西部的邻国均为发展中国家，并且很多国家面临着经济发展缓慢、高端产业缺乏、贫富差距加大等问题。经过近些年来的大力建设，中国国内的基础设施建设已经初见规模。但是中国的许多邻国却依然面临着基础设施建设不足的问题，经济发展也受到制约。一些国家还存在恐怖主义、宗教极端主义，且与邻国存在严重的矛盾，国家连发展所需要的安全稳定的环境都没有。因此，中国通过扩大对外开放，能够促进与中国西部相邻的周边地区的繁荣与稳定，促进社会的长治久安以及提升当地人民的生活水平，这不仅是我国西部地区对外开放发展经济的需要，更是我国主动承担起世界大国责任，推动全人类共同发展的需要，对于我国西部边境地区的稳定发展具有重要意义。从我国国内情况来看，随着共建"一带一路"倡议的深入推进，我国东西部地区在对外开放中获得的经济收益虽然逐年上涨，但西南、西北地区在对外开放中的参与程度仍远不如东部地区。按照高质量高标准高水平共建"一带一路"的要求，西部地区应进一步发挥自己的区位优势，进一步扩大南向对外开放。在南向开放中充分发挥西部地区连接"一带"和"一路"的纽带作用，深化陆海双向开放，持续推进西部大开发，构建新发展格局，推动区域经济高质量发展。共建"一带一路"倡议中提出构建的中巴经济走廊、孟中印缅经济走廊、中南半岛经济走廊等建设规划以及 2019 年 8 月提出的《西部陆海新通道总体规划》等方案有助于克服西部地区基础设施建设不足的短板，促进西部地区实现与更加广阔的外部空间加强经贸往来。中国西部地区的发展也有助于解决中国内部区域发展不平衡、外贸过于依赖海上贸易，以及马六甲海峡等关键海洋通道易受到干扰的问题，实现"东西双向互济，陆海内外联动"。

（三）共建"一带一路"倡议在相关区域产生的地缘政治经济影响

从地缘政治角度来说，首先，共建"一带一路"倡议能够维护和拓展我国的基本生存空间，"一带一路"沿线区域主要是新兴经济体和发展中国家，资源丰富且发展潜力巨大。其次，共建"一带一路"倡议能够重塑国内外经济地理。共建"一带一路"倡议的核心是我国经济活动空间的拓展，其表现形式是重塑国内外经济地理。重塑国内经济地理，就是要实现我国东部和中西部协调发展和一体化发展，进而促进我国经济新一轮的增长。重塑国外经济地理，一是构建产业分工和产业转移的新的以中国为雁首的"雁行"模式，二是把我国基础设施投资和成熟的产能转移到沿线欠发达地区，以提升沿线国家和地区的互联互通能力。第三，把沿线互利互惠、志同道合的国家组合成一种新的战略"伙伴"，构建新型的区域一体化经济组织。

此外，共建"一带一路"倡议有助于构建国际政治经济新格局。共建"一带一路"倡议的顺利实施，有助于形成并巩固以我国为亚欧"世界岛"枢纽地区的地缘政治、经济格局（安虎森 等，2016）。张伟（2017）认为，共建"一带一路"倡议有助于欧亚大陆形成网状地缘政治关系。共建"一带一路"倡议中的互联互通将会使得中国与丝路沿线国家的地缘政治关系更为密切，"五通"会使得中国与丝路沿线国家形成网状地缘政治关系，在中国高铁等先进技术的帮助下，能够有效减少地理距离的磨损效应，推动中国和丝路沿线区域共同发展。Koboević 等（2018）认为，中国的共建"一带一路"倡议及相关公共产品是中国及其伙伴国发展新引擎的平台。共建"一带一路"倡议具有包容性，是一个开放的制度，是欢迎各国加入的"俱乐部"。其通过共同承担责任和义务，连接三大洲，促进海陆互联互通，达到双赢。

　　在区域层面，Naoko（2018）提出缅甸的高地地区为世界上最大的剩余地区，其人民尚未完全融入国家。缅甸与共建"一带一路"倡议的对接使缅甸的高地地区从边缘走向中心。白永辉（Jean-Marc F. Blanchard）认为，中国在巴基斯坦的基础设施建设将会增加中国在南亚的话语权，加剧与印度、美国等大国在印度洋上的竞争。在全球层面，科林·弗林特（Colin Flint）提出共建"一带一路"倡议不是单纯的一个经济或政治项目，而是一个在多个层面上改变政治的项目。Fasslabend（2015）认为，在全球网络中，共建"一带一路"倡议是中国未来十年的主要方针，其能够减缓内部经济压力，即消化钢铁生产和建筑业现有的过剩产能。新的丝绸之路将连接亚洲、欧洲和非洲的大部分地区，基于庞大的洲际基础设施网络的经济和政治合作提供了中国主导的框架。

四、区域经济学、空间经济学、发展经济学对中国西部扩大南向开放的阐释

(一) 基于区域经济学视角的相关研究

国外学者对边境相邻地区开展经济合作的研究较为丰富。一些学者针对欧盟一体化过程中出现的边境相邻地区经济合作进行了深入研究，如德国和波兰的边境相邻地区经济合作、欧洲康斯坦茨地区（Lake Constance）的边境相邻地区经济合作等。学者们研究的成果主要包括以下三类：一是对影响边境相邻地区经济合作的因素研究，如 Schiff 等（2002）在研究欧盟内部边境相邻地区经济合作的实践中发现，边境相邻地区经济合作强烈地受到相邻国家历史状况、国家间的信任程度以及双方基础设施、环境等公共产品的影响，无论是在基础设施、环境等方面，还是由于历史原因形成的邻国间的政治与经济关系，以及相互信任的状况等，都会在边境地带体现得尤为突出；二是对促进边境相邻地区经济合作的因素研究，如Blatter（2000）研究发现，政府间和非政府间的专业协会的建设对边境相邻地区经济合作极为重要，如欧洲康斯坦茨地区的边境经济合作实践表明，政府间和非政府间的专业协会的建设对于促进边境经济合作的作用很大；三是对边境相邻地区经济合作的效应研究，如 Stiller（2003）认为，波兰加入欧盟之后，德国和波兰的边境区域将变为欧盟的内部区域，两国间边境阻碍的清除将有利于增进边境区域企业的国际贸易关系，促进边境地区企业的集聚，进而也促进

人口的集中和就业的增加。

在美洲和亚洲也有较多的相关研究成果。如 Hanson（2001）以美国和墨西哥边境城市 Pairs 为例，针对美墨一体化对边境地区经济活动的扩张进行研究，认为交通成本是重要的非政策性的贸易障碍因素，一体化导致边境地区制造业经济活动扩张，并对美国边境城市的就业增长具有重要作用。还有学者以东亚地区的边境经济合作为研究样本，提出了跨国区域经济合作的通道模式、贸易口岸模式和开发区模式，分析了各自在跨国区域经济合作中的发展内涵及发展前景。其中，许多国家在主要口岸选择特定地区，建设集边境贸易、商品市场、跨国投资于一体的口岸开发区（或自由贸易区、出口加工区等），并使之成为边境地区国际经济合作的集聚地域，具有明显的经济效益，如 1989 年越南在边境口岸芒街开辟自由贸易区就取得了很好的效果（汤敏 等，1993）。

关于边境相邻地区合作的制度安排、心理文化距离等对边境相邻地区合作的影响，有学者以中国辽宁省与朝鲜边境地区经济合作为例进行了实证研究（李铁立 等，2004）。由于国家间政治体制、经济体制以及法律法规存在差异，因此在边境区合作过程中易产生较高的交易成本，不利于企业的空间扩张。心理文化距离对边境相邻地区合作也有很大的影响。多渠道的沟通以及具体项目的实施将会拉近心理文化距离，使合作方在经济合作的有关方面或领域形成共同的意识。姜永铭以区域经济学为研究视角，对区域经济合作下了定义：跨国区域经济合作与区域经济一体化既有联系又有区别，它是相邻国家邻近地区的跨国区域联合，通过联合实现跨国区域经济的共同发展、边境城市地位的提升以及跨国区域的企业集聚。在实践中，要注意二者的区别，防止将跨国区域经济合作简单地理解为区域经济一体化的范畴，自觉不自觉地按照一体化的思维思考跨国区域经济合作问题，而现实的硬性约束不符合区域经济一体化的要求，从而束缚了跨国区域经济合作的开展。同时，也要注意二者的联系，充分利用区域经济一体化理论的已有成果，为跨国区域经济合作服务。此外，跨国区域经济合作要科学划定合作的区域边界。合作区域划定过小，合作将缺乏内源动力；合作区域划定过大，将无法进行针对性研究。跨国区域经济合作要求参与合作区域至少含有一个中心城市和能够代表区域利益的区域性政府。跨国区域经济合作的区域边界，一方面体现为地理空间上的行政边界，另一方面体现为空间自组织所影响到的边界，因此，其具有动态拓展的特征（姜永铭，2009）。

（二）空间经济学视角的南向开放研究

1. 空间经济学的相关理论内涵

关于南向开放枢纽城市的产业集聚与区域经济增长效应，张翎、窦静雅给出了解释。两位学者通过分析产业集聚和区域经济增长相互作用的模型来说明空间经济学是对产业和区域分析的方法拓展。产业集聚作为一种特殊的产业组织形式，拥有其他组织形式所不具有的优越性，比如，要素的共享、知识的共享以及创新等，这使得产业集聚区域的经济增长速度较快。同时空间经济学的分析也有助于地方政府或者一国政策的制定，如果某个区域想要获得较快的发展，就要注意培养当地较有特色的产业，并注意利用与其他相关产业的联系，以形成产业集聚效应。同时，只有降低交易成本，吸引其他地区产业的流入，充分发挥规模经济和外部经济效应，才能实现经济发展的良性互动（张翎 等，2007）。还有学者基于空间经济学理论，从空间区域的"路径依赖"原理、区域发展与空间元素的相互关系、基础设施对空间发展的不同功效、优惠贸易协定（PTA）作用原理和产业扩散的空间规律出发，分析了共建"一带一路"倡议，阐释了其实现要遵循空间经济学的结构演变规律和产业扩散规律，并提出了逐步构建基础设施网络、细化国内分区推动协调发展、加大国际贸易促进多向联系、建设经贸产业园区、优化升级产业结构、尝试多种投融资渠道、加强区域金融合作等具体的路径建议（张志元 等，2015）。李程、姜弘（2017）对共建"一带一路"倡议中金融支持的作用的研究也具有借鉴意义。两位学者运用空间经济学中的自由资本模型和经济增长模型，从资本要素流动和溢出效应两个角度分析了共建"一带一路"倡议和国际产能合作的形成机制及发展方向，剖析了中国的定位以及与沿线国家在空间资源配置中的相互作用，并基于对空间资源配置中金融资本作用的研究，分析了金融对区域资源整合的引领作用，提出了相关的政策建议。

2. 内生化空间经济学对扩大开放的解释——基于新地理经济学角度

Krugman（1991）基于规模报酬递增和不完全竞争假设，建立了"中心—边缘"模型，在非均衡理论基础上，从集聚力和扩散力两种力量作用的角度来研究经济活动的空间集聚。他认为产业集聚和规模经济之间相互促进、互为因果，从而导致规模收益递增。由此他构建了"中心—边缘"模型，去分析产业集聚形成的原因以及"报酬递增规律"对产业集聚的影响。同时他还认为产业集聚具有路径

55

依赖性，在特定区域形成后便会一直延续下去。新地理经济学基于收益规模递增的 D-S 模型和冰山运输成本解释了产业集聚的原因：产业的本质就是一组生产相似产品的企业在空间上的集聚。因此，集聚的原因实际上就是产业形成的原因。D-S 模型进一步将原来的集聚因素，即知识溢出效应、中间投入和劳动力等扩充为收益递增和不完全竞争、外部经济与规模经济以及路径依赖及锁定效应等新的因素。其中，不完全竞争可以直接为产业政策在产业集聚过程中发挥作用提供理论基础，其他的如交通运输成本、中间投入、知识溢出、劳动力的自由流动等因素也都可以在产业政策中得以体现。新地理经济学成功解释了空间经济不平衡现象，分析了空间集聚为什么会发生在有限的地区。与传统区位理论和经济地理学不同，新地理经济学从集聚力和扩散力两种力量作用的角度来研究经济活动的空间集聚，即"问题的答案都取决于向心力和离心力之间的平衡"。因此，产业的形成并不是空间随机的，产业政策对产业的形成与出现的具体位置有重要作用。现代经济聚集理论认为，经济活动的集中导致不同区域经济发展不平衡，引起产业、行业向某一特定区域集中并形成相关利益，从而产生聚集经济，其核心是区域产业聚集。在中国，现阶段，东部的制造业尚未达到转移的内生临界点，产业转移还需要较多地依赖于外生力量的作用。从空间转移的条件来看，中国区际广义的运输成本仍然在中间区域，成本节约对东部产业的集聚力仍然大于西部资源优势对产业转移的吸引力。可以预见，今后一个时期，如果没有重大外生力量的扰动，产业转移仍会比较缓慢。在中国，制造业空间转移的条件并不成熟，"用政策换时间"以改变临界点是加速产业转移的可行途径之一。因此，国家的政策仍是促进东部产业向西部转移的关键因素，政策导向是降低产业转移成本和引导要素向西部集聚的重要外生变量（李娅 等，2010）。

（三）发展经济学角度的南向开放中心枢纽城市选择

1. 发展经济学关于经济增长的解释

发展经济学理论认为，经济增长在不同的空间是非均衡的，应通过不断培育新的空间增长极，用新的空间不平衡替代原来的空间不平衡，维持经济增长。在 Perroux 的增长极理论中，经济增长极具有相对性和变异性，是非均衡区域经济发展战略。他认为产业集聚原因主要是技术进步和创新，技术进步和创新集中于规模较大、增长速度较快、与其他部门相互关联效应较强的产业中，他将这些产业称为推进型产业。这些创新能力较强的大型推进型产业开始集聚，在某个特定区域不断发展壮大，从而形成生产、金融、贸易、科技、人才、信息、交通、服务等活动的经济中心，这个中心就是经济增长极。产业集聚产生的规模效应、辐射效应不断强化经济活动及其相互之间的影响，优化产业结构，促进产业经济快速增长（安虎森，1997）。1957 年，美国学者缪尔达尔（Karl Gunnar Myrdal）在其《经济理论与不发达区域》一书中提出了"循环累积因果效应"理论，认为空间集聚由某种循环逻辑创造并维持，促进繁荣地区因市场的作用持续、累积地加速增长，而落后地区愈加衰落（迈克尔 等，2010）。1958 年，赫希曼在《经济发展战略》一书中提出空间不平衡增长战略，即应创造出一些"关键部门"促进空间极化，但当空间不平衡超过一定界限时，应培育新的空间增长极，用新的空间不平衡替代原来的空间不平衡，维持经济增长。

2. 基于发展经济学的研究视角

孙红磊（2004）将西部开发和城市化紧密联系起来，重点对发展经济学和区域经济学中的发展极理论进行研究，并将研究结果运用到西部城市化建设中，为西部民族地区提供一些理论支持和对策建议。他围绕"确定城市为西部开发中的发展极"这一中心展开论述，指明要在进一步强化中心城市、积极发展中小城市、以市场为依托推进乡村城镇化建设的同时，以省会和地区中心城市为重点，以主要交通干线为轴线，实现点轴开发与整体推进结合发展。在如何对城市进行培育的策略方面，孙红磊认为，推进城市化是培育城市作为发展极的重要一环。他从三个方面来探讨加快西部城市化进程：第一，利用工业化发展推进城市化建设；第二，统筹城乡发展，加快城市化速度；第三，利用重大工程项目，推动城市化进程。在研究方法上，他采用实证分析与规范分析相结合的办法。他吸收国内外学者在这一领域的研究成果，运用发展经济学与区域经济学的基本理论，分析我国西部开发中城市化的现存问题，揭示西部城市发展的主要障碍。在实证分析的基础上，进一步探讨西部地区发展极的选择及培育，并提出政策建议。颜鹏飞（2003）认为，西部最大的区位优势是覆盖了整个西北以至西部的亚欧大陆桥及其支桥。西部大开发要依托亚欧大陆桥长江水道和西南出海通道等重要交通干线，培育和发挥各种类型增长极，发挥城市增长极、产业增长极和区域增长极的辐射带动和协调作用。第一，构筑城市增长极和区域增长极，加快城镇化、城市化和都市圈化。只有大力推进城市化，着力培育城市经济圈以及多个城市群体构成的城市网络，才能造就坚实的经济起飞平台。第二，培育产业增长极，聚焦特色产业，发挥比较优势，走可持续发展和"科技兴西"之路。

（四）基础设施建设互联互通对扩大开放的作用分析

1. 基于发展经济学的研究视角

西部地区扩大南向开放，首先要进一步优化基础设施条件，发展沿基础设施线路的"通道经济"。基础设施作为公共投入，能够降低贸易成本、促进贸易流通，一直以来都是学术界关注的重点。发展经济学将基础设施纳入经济增长的内生变量，强调资本积累、基础设施投资和劳动力对经济增长的作用，并通过建立内生增长模型，认为基础设施等公共产品可以降低其他生产要素成本，阻止边际生产力下降，促进社会劳动和经济的长期增长。英国著名的发展经济学家罗森斯坦·罗丹（Paul Rosenstein-Rodan）于 1943 年在《东欧和东南欧国家工业化的若干问题》中提出大推动理论，该理论的核心是在发展中国家或地区对国民经济的各个部门同时进行大规模投资，以促进这些部门的平均增长，从而推动整个国民经济的高速增长和全面发展。为了避免需求和供给为经济发展带来的限制，罗丹认为必须以最小临界投资规模对几个相互补充的产业部门同时进行投资，只有这样，才能产生"外部经济效果"。罗丹认为，大推动的重点投资领域集中于基础设施和轻工业部门。大推动的投资方向并不是整个国民经济的所有部门，而是几个相互补充的产业部门。发展中国家或地区在工业化的初期，应把资本主要投向经济社会基本设施，以及具有相互联系的轻工业部门，而不是重工业部门。罗斯托（Walt Rostow）在 1960 年出版了《经济成长的阶段》，指出世界各国经济发展要经历的六个阶段：第一阶段是"传统社会"，这个阶段不存在现代科学技术，主要依靠手工劳动，农业居于首位；第二阶段是转型阶段，即从传统社会向"起飞"阶段过渡的时期，近代科学知识开始在工、农业中发生作用；第三阶段是"起飞"阶段，即经济史上的产业革命的早期，也即工业化开始阶段，新的技术在工、农业中得到推广和应用，投资率显著上升，工业中主导部门迅速增长，农业劳动生产率空前提高；第四阶段是向"成熟"发展的阶段，现代科学技术得到普遍推广和应用，经济持续增长，投资扩大，新工业部门发展迅速，国际贸易迅速增加（从"起飞"到"成熟"阶段，大约要经过 60 年左右）；第五阶段是"高额群众消费"阶段，主导部门转到耐用消费品生产方面；第六阶段是"追求生活质量"阶段，主导部门是服务业与环境改造事业。根据罗斯托经济增长阶段理论中对于各阶段的划分标准来解读中国经济发展进程，可以发现，中国已经在 21 世纪初完成了经济起飞，并进入了趋向成熟的阶段。在这个阶段，中国的经济政策应该特别重视推动技术进步，推动经济全球化进程、城市化进程、农业现代化进程，并继续重视投资驱动因素。

2. 基于实证研究的视角

黄森（2014）对交通基础设施对区域经济的影响进行了比较全面的研究。他首先对交通基础设施对区域经济增长影响进行实证检验。研究表明，一方面，交通基础设施存量的上升、覆盖面积的扩大，以及地区客运和货运量的增加等均能够显著带动中国经济的增长；另一方面，中国交通基础设施在空间地理层面上呈现出明显的块状、差异化分布，这在一定程度上限制了中国经济的快速增长。

另外，随着中国交通基础设施的全面建设，地理环境对中国经济增长产生的影响已不明显，而固定资本和劳动力投入的增加、R&D 经费支出的提高，以及对外开放程度的扩大对区域经济增长起到的促进作用正变得越来越显著。他还对交通基础设施对区域经济综合效率影响进行实证检验。研究结果表明，2001—2011 年，中国经济综合效率整体水平不高，并且空间分布也不平衡。考察期间，综合效率均值有效的省份普遍集中于东部地区，而大部分无效的省份则集中于中西部地区。另外，他还对交通基础设施对区域经济一体化影响进行实证检验。研究结果表明，2011 年中国省际贸易边界效应在 4 和 19 之间，该数值接近于 20 世纪 90 年代发达国家的水平。交通基础设施条件的改善不但促进了中国省际贸易总量的提升，而且还能够降低各省市之间的贸易边界效应，增加省际的贸易流量，进而从两个层面加速中国区域经济的一体化。另外，扩大地区对外开放和加快当地城镇化建设，均有利于中国区域经济一体化的尽早实现（黄森，2014）。

国内外学者从实证层面验证基础设施对跨国区域经济增长的重要性。Bougheas、Demetriades、Mamuneas（2000）三位学者把基础设施作为节约成本的技术，引入内生增长模型。他们证明，基础设施能够促进职业化和经济长期增长，但基础设施对经济长期增长的作用是非单调的。具体而言，基础设施可被视为一种能够降低中间投入品固定生产成本的技术，随着分工的细化和中间投入品数量的增加，经济获得内生增长动力。但基础设施的投资需求减少了用于生产最终物品的资源。因而，即使基础设施的积累可以通过职业化来促进经济增长，但是基于其所占用资源的机会成本，也会对经济增长起到一定的抑制作用。这两种力量的权衡导致了最终物品投入基础设施建设的比重与经济稳态增长率之间的关系是非单调的。

　　西部地区的经济增长促进了交通基础设施的建设与发展，交通基础设施投资与交通运输业的发展对经济增长有正面的促进作用。交通基础设施建设虽然对经济增长有促进作用，但单纯依靠交通基础设施投资并不能促进西部地区经济增长，经济增长是各种因素综合作用的结果，这些因素包括地区劳动力状况、技术水平、文化制度等。西部地区的货运量是在大量资源输出的过程中形成的，资源挖掘的"短期红利"的代价往往是以牺牲经济持续增长和创新动力为前提。从长期看，货运量越大表明西部地区资源型产业主导性越突出，产业结构制约人力资本的积累和科技能力提升便越明显，从而对于培养该地区资源型部门和改善竞争力来说难度便越大。交通运输业作为西部地区的基础行业，由于客流、人流对运输的消费需求调整很慢，因此进行短期调节是比较困难的，但是长期来看，西部开发对货物运输需求有着很大影响。经济增长是影响货物运输需求的敏感因素，进而也表现为当前西部交通基础设施滞后造成的经济发展同其自身潜力的错位。进一步促进区域经济的发展，需要按照交通运输与区域经济发展的固有规律制订相应投资政策和规划方案，优化各交通运输方式的发展结构，特别是按不同类型交通基础设施建设速度制订投资计划，最终实现均衡发展（刘学华　等，2009）。中国的基础设施和经济增长呈现出明显的空间集群特征，绝大部分省区属于高—高和低—低类型，基础设施发展较好、经济增长较快的省份大都集中于东部沿海地区，而中西部地区的发展相对滞后。作为综合反映基础设施发展状况的城市化水平，对经济增长的影响显著为正，由于城市化是人口与经济活动高度聚集的过程，聚集经济将有助于收益递增效应的实现，进而促进经济增长。交通基础设施对经济增长同样具有显著的正向影响，其原因在于交通基础设施的发展能有效地缩短区域间的空间距离，降低运输成本和交易费用，促进区域间经济往来，从而提升经济增长绩效。基于以上结论，我国区域经济增长与基础设施的空间依赖性是客观存在的，而且这种空间依赖性表现出鲜明的区域差异性。因此，相应的政策含义是：①在制定中国基础设施建设和经济发展战略时，应充分考虑不同省区的"异质性"特点，对于中西部属于低—低类型的欠发达省份，应加快基础设施投入；②应将地区间的空间相关性纳入基础设施及经济增长的分析与政策制定过程中，重视中西部内陆地区与东部沿海地区的地理空间联系，进一步完善连接彼此的交通基础设施建设，推进东、中、西部内部互动，实现整个国民经济的可持续发展（魏下海，2010）。

第三章 基于实证分析中国西部地区扩大南向开放的空间与路径抉择

一、中国西部地区扩大南向开放的现状分析

中国西部地区在参与"一带一路"经济走廊建设、扩大贸易规模的同时，也存在许多结构性差异。本书从国别与地区、商品结构、贸易方式三个方面进行分析。其中，从国别与地区、商品结构方面分析进口总体情况，从贸易方式方面分析进出口总体情况。

（一）现状及特征分析

近年来，中国西部地区扩大南向开放最显著的行动就是建设西部陆海新通道。2017 年 8 月，重庆、广西、贵州、甘肃四地政府签署《关于合作共建中新互联互通项目南向通道的框架协议》，形成西部陆海新通道的前身。2019 年 8 月，国家发展改革委印发《西部陆海新通道总体规划》（以下简称《规划》），标志着建设西部陆海新通道正式上升为国家战略。该《规划》提出建设自重庆经贵阳、南宁至北部湾出海口（北部湾港、洋浦港），自重庆经怀化、柳州至北部湾出海口，以及自成都经泸州（宜宾）、百色至北部湾出海口三条

通路，共同形成西部陆海新通道的主通道。2021 年 9 月公布的《"十四五"推进西部陆海新通道高质量建设实施方案》明确提出，到 2025 年，基本建成经济、高效、便捷、绿色、安全的西部陆海新通道。

总体来看，中国西部地区在扩大南向开放、参与"一带一路"经济走廊建设上取得了较大突破。一是，陆海新通道打开西部对外开放的新局面。随着沿线铁路、公路、港口、口岸等基础设施互联互通水平的不断提高，陆海新通道逐步覆盖中国西部所有省份，并且可以通过国际铁海联运、跨境公路运输、国际铁路联运等多种物流组织形式便捷通往周边国家，为西部地区扩大对外开放开创了新局面。通道运量快速增长，运行质量日益提升。二是，陆海新通道成为西部地区经济发展的新亮点。陆海新通道为中国西部地区与东盟国家提供了便捷的物流通道，帮助西部地区融入国际市场，带动了沿线贸易特别是中国西部与东盟国家贸易的增长，成为推动西部地区经济高质量发展的重要动力。三是，陆海新通道沿线形成区域协同发展的新气象。2019 年 8 月《西部陆海新通道总体规划》发布之后，国家发展改革委牵头，外交部、商务部、交通运输部、海关总署等 14 个部委以及重庆、广西等省份联手，共建省部际联席会议制度。2020 年 10 月，西部 12 个省份与海南省、广东省湛江市在重庆共同签署《合作共建西部陆海新通道框架协议》。各部门和沿线地方政府形成合力，共同推动通道建设，促进通道沿线省份的互联互通和优势产业互补，形成了区域协同发展的新气象。

陆海新通道的建设不仅促进了中国西部地区之间的经济循环，而且为西部地区扩大与沿线国家合作、参与国际经济大循环提供了重要助力。以西南地区为例，在对外贸易方面，四川、重庆、云南、贵州、广西、新疆6省份2022年合计对"一带一路"沿线国家进出口总额达17 375.96亿元人民币，占6省份进出口总额超过50%。在吸引外资方面，越来越多的"一带一路"沿线国家和地区在西部地区进行投资。比如，截至2021年年底，东盟国家累计在广西投资设立企业717家，合同外资额累计超过73.2亿美元；重庆实际利用东盟国家外资累计达143.67亿美元。在境外投资方面，西部地区的企业参与了尼泊尔马相迪河梯级水电项目、埃及苏伊士运河铁路桥等跨境投资和对外承包工程项目。在资金融通方面，西部地区加大人民币在跨境结算中的使用，比如，广西跨境人民币结算金额已经突破了1万亿元人民币，重庆、四川也突破了1 000亿元人民币。在平台建设方面，众多自贸区、保税港区、保税物流中心等平台在海南、四川、重庆、广西、云南、贵州、陕西、新疆等省份相继建成并运营，四川成都青白江铁路港、广西北部湾三大海港、海南洋浦自贸港、新疆霍尔果斯陆港等重大平台为西部地区融入"一带一路"经济走廊提供了支撑。比如，广西北部湾港是西部陆海新通道的重要枢纽港口。数据显示，北部湾港集装箱吞吐量由2016年的179.51万标箱增长到2021年的601万标箱，增加超过2倍。2022年，北部湾港集装箱吞吐量达702.08万标箱，与2021年同比增长16.8%。

（二）国别与地区分析

西部地区最主要的贸易伙伴之一是东盟。其中，东盟是广西、云南、重庆、海南、贵州的第一大贸易伙伴，是四川的第二大贸易伙伴。此外，虽然美国现在是四川的第一大贸易伙伴，但美国与东盟在2022年对四川的进出口总额差距不大，仅为109.8亿元；且四川对东盟的增长率（1.7%）高于对美国的增长率（-3.9%），这也反映了东盟即将成为四川第一大贸易伙伴的发展趋势（见表3-1）。

表 3-1　西部省份 2022 年前三大贸易伙伴数据及"一带一路"沿线国家占比

	第一大贸易伙伴及其数值/亿元	第二大贸易伙伴及其数值/亿元	第三大贸易伙伴及其数值/亿元	前三大贸易伙伴总额/亿元及占比/%	"一带一路"地区总额/亿元及占比/%
四川	美国 1 949.9	东盟 1 840.1	欧盟 1 699.5	54.6%	3 184.8 36.6%
重庆	东盟 1 226.3	美国 1 134.8	欧盟 1 241.6	44.7%	3 331.4 40.83%
云南	东盟 1 270.7	缅甸 49	沙特 286.4	61.47%	2 076.3 62.7%
贵州	东盟 183.2	中国香港 94.39	欧盟 —	—	285 35.07%
广西	东盟 2 811.1	中国香港 471.6	美国 431.6	56.25%	3 531.8 53.48%
西藏	尼泊尔 15.63	刚果（金） 15.45	马来西亚 4.5	77.33%	23.79 4.71%
陕西	韩国 915.08	中国台湾 731.41	东盟 660.1	47.7%	1 128.9 23.3%
内蒙古	蒙古 463.6	俄罗斯 195.3	澳大利亚 83.8	48.7%	935.5 61.4%
新疆	吉尔吉斯斯坦 877.4	哈萨克斯坦 842.8	塔吉克斯坦 721.6	74.74%	2 238.4 90.9%
甘肃	哈萨克斯坦 134.4	东盟 58.8	刚果（金） 43.1	40.4%	278.3 47.6%
宁夏	欧盟 50.3	东盟 28.3	美国 24.4	40.1%	65.5 25.5%
海南	东盟 395.3	欧盟 352.04	澳大利亚 180.5	46.2%	752.4 37.4%

从总量看，广西是西部地区中与"一带一路"沿线国家开展贸易最多的地区，2022 年贸易额达 3 531.8 亿元；重庆和四川对"一带一路"地区进出口总额均超过了 3 000 亿元级的规模，2022 年重庆对"一带一路"地区进出口额为 3 331.4 亿元，四川对"一带一路"地区进出口额为 3 184.8 亿元。

从占比看，2022 年，云南对"一带一路"沿线国家的进出口额占全省的比例最高，达到 62.7%；广西比例也超过了一半，达到了 53.48%；西藏对尼泊尔的进出口额占西藏进出口总额的 65.7%，这些充分反映了西部地区发展对"一带一路"沿线国家和地区贸易的巨大作用。四川、重庆、贵州对"一带一路"沿线国家的进出口总额分别占各自的 36.6%、40.83%、35.07%。

从增速看，即使在新冠病毒感染疫情发生的 2020 年，西部地区也对"一带一路"国家的进出口贸易保持增加，特别是四川与贵州增长最快，2020 年增速均超过了 20%，分别为 24% 和 23.4%；重庆、云南、广西也分别达到了 9.8%、3.2%、1.4%。

（三）商品结构分析

从商品结构看，机电产品是四川、重庆、广西三地的主要对外出口产品。2022 年，四川机电产品出口值为 4 644.6 亿元，占其总出口值近八成。据海关统计，2022 年成都出口机电产品 4 103.2 亿元，占同期成都外贸出口总值的 82.3%。其中，出口笔记本电脑 1 061.0 亿元，出口集成电路 888.5 亿元，出口平板电脑 873.2 亿元，同比增长 15%。2022 年，重庆电子信息产业进出口 4 951.2 亿元，占同期重庆外贸进出口总值的 60.7%。其中，出口方面，主要商品为笔记本电脑，出口 5 545.3 万台，价值 1 774.7 亿元，量值在全国均保持首位。可见，随着经济发展和对外开放，西部地区从事机电产品进出口的企业越来越多，带动了地区经济发展。

西部地区的出口产品差异性。重庆汽车出口较多，2022 年汽车（含底盘）出口值达 218.7 亿元，增长 77.5%。广西医疗仪器出口较多，2022 年增长超过 17.9%。贵州四大特色商品（茶叶、打火机、吉他、调味品）出口值有较大增长，其中"正安吉他"出口到了全球 40 多个国家和地区，2022 年出口值超过 14 亿元，较 2021 年翻了一番。

（四）贸易方式分析

西部地区对外贸易的方式存在较为明显的差异，云南、贵州、广西、西藏的主要方式是一般贸易方式，加工贸易则是四川、重庆的主要方式。

四川、重庆以加工贸易方式为主，其中四川 2022 年以加工贸易方式进出口 4 906.5 亿元，已经占到总进出口的 48.7%，且加工贸易与一般贸易规模呈现"一升一降"趋势，进一步凸显四川以加工贸易为主的结构。重庆 2022 年加工贸易、一般贸易、保税物流进出口分别达 3 540 亿元、2 928.2 亿元、1 659.1 亿元。这主要是因为四川、重庆两地经济发展程度相对较高，对外贸易的产品主要是原材料和市场都"两头在外"的产品，如手机、笔记本电脑、平板电脑等。

贵州、云南呈现一般贸易方式"一枝独秀"的特征，加工贸易和保税物流方式的占比较低。2022 年，贵州一般贸易方式、加工贸易方式、保税物流方式进出口额分别为 530.6 亿元、767.3 亿元、98.9 亿元，占总进出口额的比例分别为 66.2%、26.9%、12.3%。而云南 2022 年加工贸易进出口仅为一般贸易的八分之一，保税物流占比可忽略不计。

广西各种贸易方式发展较为均衡，各方式之间差距没有其他地区大。2022 年，广西一般贸易进出口、边境小额贸易、保税物流、加工贸易分别占广西外贸总值的 42.7%、12%、22.3%、19.4%。此外，其一般贸易与边境小额贸易、保税物流、加工贸易呈现"一降三升"趋势，几种贸易方式发展相对均衡。

西藏的贸易方式从边境小额贸易向一般贸易转变。西藏紧临尼泊尔、印度等国，过去很长一段时间，边境交易占据主导地位，但随着共建"一带一路"倡议的提出，一般贸易方式逐渐成为西藏最主要的贸易方式。

二、开放空间抉择的实证分析

本部分基于上述理论内涵和现实特征，为西部地区十二省份①构建贸易引力模型，对西部地区向"一带一路"沿线国家和地区开放的空间及线路的选择问题进行分析。

---

① 西部十二省份包括：广西壮族自治区、重庆市、四川省、贵州省、云南省、西藏自治区、甘肃省、青海省、陕西省、宁夏回族自治区、内蒙古自治区、新疆维吾尔自治区。

（一）基本模型假定

贸易引力模型来源于牛顿万有引力定律。贸易引力模型的基本假设是国家或地区间的贸易情况与其经济总量成正比、空间距离成反比。贸易引力模型的基本形式为

$$X_{ij} = \frac{A(Y_i\, Y_j)}{D_{ij}} \#\tag{3-1}$$

模型中，X_{ij} 表示国家（地区）i 对国家（地区）j 的贸易额；A 是常数项；Y 表示 i 国（地区）和 j 国（地区）的国内生产总值；D 表示两国（地区）间的距离，通常用两国首都或两地区经济中心的地理距离来表示。在公式两边同时取对数转为线性模式为

$$LnX_{ij} = \alpha_0 + \alpha_1 ln\, Y_i + \alpha_2 ln\, Y_j + \alpha_3 lnD_{ij} + \mu_{ij}\#\tag{3-2}$$

经过几十年的发展，不断有学者根据研究特点对该模型进行扩展，使其更加符合研究所需。本书综合考虑后采用扩展后的引力模型，对"一带一路"六大经济走廊相关国家与中国西部地区的贸易潜力进行实证分析，加入人口规模变量，并引入是否与我国签订自由贸易协定、是否与我国有共同边界两个虚拟变量，构建扩展模型为

$$lnTrade_{ij} = C_1 + \alpha_1 ln\, GDP_i + \alpha_2\, lnGDP_j + \alpha_3 lnDIST_{ij} +$$
$$\alpha_4\, lnPOP_i + \alpha_5\, lnPOP_j + \alpha_6\, FTA_{ij} + \alpha_7\, BOR_{ij} + \mu_{ij}\tag{3-3}$$

此外，为进一步探究西部地区产业结构是否对双边贸易额产生影响，本书选择西部地区三次产业规模变量替换地区生产总值变量，其余变量不变，构建新的扩展模型为

$$lnTrade_{ij} = C_2 + \beta_1\, lnPrimary_i + \beta_2\, lnSecondary_i + \beta_3\, lnTertiary_i +$$
$$\beta_4\, lnGDP_j + \beta_5 lnDIST_{ij} + \beta_8\, FTA_{ij} + \varepsilon_{ij}\#\tag{3-4}$$

（二）变量说明及数据来源

C_1、C_2 为常数项，α_n、β_n（$n=1$、2、…）分别表示对应变量的系数，μ_{ij}、ε_{ij} 为随机干扰项。

$Trade_{ij}$ 表示地区与国家之间的双边贸易额。i 即西部地区（四川、重庆、云南、贵州、广西、西藏、甘肃、青海、新疆、宁夏、陕西、内蒙古）；j 为贸易国家，将西部地区对外贸易涉及的东盟 10 国、南亚 7 国以及澳大利亚、新西兰作为研究对象。西部地区与各国的贸易数据为 12 省份合计数据，因南亚国家不丹的贸易数据缺失较多，且双边贸易额较小，故忽略其数据，最终选取西部地区与上述 18 国作为研究对象，两两之间的贸易额为 $Trade_{ij}$，以 2013—2019 年为观测样本时间间隔。数据源自中国海关，由 EPS DATA 整理，单位为美元。

GDP_i 和 GDP_j 分别表示西部地区各省的 GDP 以及西部地区对外贸易涉及的 18 个国家的年度 GDP。数据来自国家统计局、Wind 数据库、世界发展指标（World Development Indicators）、世界银行（World Bank）。其中，以世界银行中国 GDP 美元现价总额与中国 GDP 本地货币总额计算当年度换算汇率，并将当年度西部地区 GDP 单位统一为美元。

POP_i 和 POP_j 分别表示西部地区的常住人口，以及西部地区对外贸易涉及的 18 个国家的常住人口。西部地区数据来自国家统计局；18 个国家人口数据来自 World Development Indicators，世界银行（World Bank）数据库，单位为人。

$DIST_{ij}$ 表示西部地区各省与 18 个国家两两之间的空间距离，用西部各省省会到各国首都之间的直线地理距离表示。数据来自 www. freemaptools. com 网站，单位为公里。

FTA_{ij} 表示各国与我国是否签订自由贸易协定，为虚拟变量，若签订协定为 1，否则为 0。数据来自商务部自由贸易区服务网。

BOR_{ij} 表示 18 国与我国是否有接壤，也为虚拟变量，有公共边界为 1，否则为 0。

模型（3-4）中，$Primary_i$、$Secondary_i$、$Tertiary_i$ 分别表示西部地区第一产业、第二产业、第三产业的增加值。数据来自国家统计局，单位同 GDP 换算方法，统一为美元。

分析软件使用 STATA16。

（三）实证结果

本书模型所用数据为面板数据，通过哈斯曼检验，确定使用随机效应模型还是固定效应模型。本书衡量运输成本的 DIST 变量表示西部地区各省份省会到各个国家首都的直线距离，而固定效应模型无法引入不随时间变化的解释变量，因此理论上也应选用随机效应模型。

1. 扩展的贸易引力模型（3-3）回归

先选取传统引力模型中的经济规模和地理距离两个变量进行回归，随后逐渐加入新的人口变量、虚拟变量。过程及结果见表 3-2。

74

表 3-2　扩展的贸易引力模型（3-3）回归结果

被解释变量	lnTrade$_{ij}$			
解释变量	传统引力模型	扩展的贸易引力模型（3-3）		
		1	2	3
C_1	−5.100 2 (−0.53)	492.667 4[*] (3.18)	532.131 1[*] (3.61)	529.468 4[*] (3.61)
$\ln \text{GDP}_i$	0.268 2 (0.81)	3.138 9[*] (3.16)	2.985 3[*] (3.17)	2.937 5[*] (3.13)
$\ln \text{GDP}_j$	1.116 6[*] (6.59)	1.350 7[*] (4.88)	1.389 0[*] (5.62)	1.480 7[*] (6.11)
$\ln \text{DIST}_{ij}$	−1.296 0[**] (−2.41)	−1.692 2[**] (−2.37)	−1.794 4[*] (−2.93)	−1.391 3[**] (−2.33)
$\ln \text{POP}_i$		−29.297 3[*] (−3.19)	−31.088 0[*] (−3.56)	−31.066 1[*] (−3.57)
$\ln \text{POP}_j$		−0.240 7 (−0.89)	−0.272 1 (−1.15)	−0.414 9[***] (−1.76)
FTA_{ij}			0.889 7[*] (4.24)	0.906 7[*] (4.38)
BOR_{ij}				1.442 0[**] (2.09)
R^2	0.659 3	0.665 1	0.729 5	0.784 9

注：[*]、[**]、[***]分布表示 1%、5%、10%的置信水平；括号内为 t 统计量。

扩展模型（3-3）的回归方程为

$\ln \text{Trade}_{ij} = 529.468\ 4 + 2.937\ 5 \ln \text{GDP}_i + 1.480\ 7 \ln \text{GDP}_j - 1.391\ 3 \ln \text{DIST}_{ij} - 31.066\ 1 \ln \text{POP}_i - 0.414\ 9 \ln \text{POP}_i + 0.906\ 7 \text{FTA}_{ij} + 1.442\ 0 \text{BOR}_{ij}$

从表 3-2 中可以看到，回归的拟合优度值（R^2）达到 0.65 以上，并随着解释变量的逐渐加入而增加，表明模型的解释能力在增强。其中，$\ln POP_j$ 在 10% 的水平上通过显著性检验，$\ln DIST_{ij}$、BOR_{ij} 在 5% 的水平上通过显著性检验，其余变量在 1% 的水平上通过显著性检验。进一步分析如下。

第一，经济规模变量 $\ln GDP_i$ 和 $\ln GDP_j$ 的系数为正，经济规模的扩大意味着更大的市场需求和更强的供给能力，这些能力对双方经贸合作起到积极促进作用。从系数值大小来看，两地区贸易合作的变化对我国西部地区 GDP 的变动比对贸易伙伴国 GDP 的变动更加敏感，西部各省份的 GDP 增加 1% 将带动双边贸易额增长 2.937 5%。

第二，距离变量 $\ln DIST_{ij}$ 在 5% 的水平上显著为负，更长的距离会显著增加运输时间和成本，降低贸易利润，对贸易投资合作有显著抑制作用。相较于贸易国的 GDP 变动，我国西部地区与这些国家的经贸合作对运输成本的变动更为敏感。其他条件不变，j 国的 GDP 每增加 1%，双边贸易额将增加 1.480 7%；而相同条件下，两地区距离增加 1%，双边贸易额将减少 1.391 3%。

第三，人口变量 $\ln POP_i$ 和 $\ln POP_j$ 系数均为负，$\ln POP_j$ 显著程度高于 $\ln POP_i$，贸易双方国家的人口增长都会对国际贸易产生削减作用，对我国西部地区和 18 个国家的双边贸易产生抑制作用。人口的增加不仅使得本地区国内市场扩大，还使得劳动力供给增加、国内产品的供给能力增强、对于进口商品的依赖程度减弱。

第四，虚拟变量 FTA_{ij} 系数为正且显著，BOR_{ij} 系数也为正且显著程度高于 FTA_{ij}，这意味着更加自由、便利、良好的贸易环境会对双边经贸合作产生积极影响，实现互利共赢。贸易双方签署自由贸易协定，贸易额将增加 0.906 7%。BOR_{ij} 通过 5% 水平显著性检验。

2. 扩展的贸易引力模型（3-4）回归

先选取传统引力模型中的经济规模和地理距离两个变量进行回归，其中以西部地区三次产业规模变量替换地区生产总值变量，随后逐渐加入虚拟变量 FTA。过程及结果见表 3-3。

表 3-3　扩展的贸易引力模型（3-4）回归结果

被解释变量	$lnTrade_{ij}$	
解释变量	传统引力模型	扩展的贸易引力模型（3-4）
C_2	−65.543 0*** （−1.92）	−65.193 3** （−2.02）
$\ln GDP_j$	1.168 2* （6.85）	1.176 9* （7.80）
$\ln DIST_{ij}$	−1.321 8** （−2.44）	−1.374 2* （−2.91）
$lnPrimary_i$	−2.683 7 （1.45）	−2.785 5 （1.59）
$lnSecondary_i$	0.009 2 （0.00）	−0.114 5 （−0.05）
$lnTertiary_i$	−1.235 1** （−1.82）	−1.476 6** （−2.29）
FTA_{ij}		0.915 3* （4.24）
R^2	0.660 0	0.736 1

注：*、**、*** 分布表示 1%、5%、10% 的置信水平；括号内为 t 统计量。

从表 3-3 中结果可以明显看出，随着解释变量的加入，R^2 有所增加，模型拟合度良好，$\ln GDP_j$ 通过了 1% 显著性检验且系数为正，$lnDIST_{ij}$ 也通过了 1% 显著性检验但系数为负，FTA_{ij} 与 $\ln GDP_j$ 显著性、系数结果一致，这些变量及系数的意义同扩展模型（3-3）一致。值得注意的是，不同产业的规模对双边贸易的影响不同，农业、工业增加值没有通过显著性检验，服务业增加值在 1% 的水平上显著为负。近些年，我国西部地区第三产业发展较快，国民消费情绪高涨，对于国际贸易的依赖程度逐渐减弱，所以服务业在双方贸易中并不是主要贸易对象，系数为负。

3. 贸易潜力指数

根据回归得到的扩展贸易模型（3-3），将我国西部地区和18国各项数据带入，得到双边贸易额的预测值，再将实际双边贸易额与预测值做比较，得到西部地区与南向开放贸易涉及国家的贸易潜力指数（P）。

$$P = \frac{Rea\ l_{trade}}{Predict\ t_{trade}} \# \qquad (3-5)$$

其中，*Real_ trade* 为实际双边贸易额，*Predict_ trade* 为双边贸易额的预测值。测算结果见表3-4。

表 3-4　2019 年贸易潜力指数

国家	贸易潜力指数	国家	贸易潜力指数
马来西亚	1.058 8	泰国	1.010 1
缅甸	1.058 0	菲律宾	0.999 2
柬埔寨	1.046 9	新加坡	0.997 1
新西兰	1.036 3	印度尼西亚	0.995 4
尼泊尔	1.028 0	马尔代夫	0.964 4
越南	1.027 6	巴基斯坦	0.956 1
斯里兰卡	1.022 8	孟加拉国	0.953 9
老挝	1.022 7	印度	0.910 6
澳大利亚	1.019 9	文莱	0.886 6

贸易双方国家之间的贸易潜力可以分为以下三种类型：若 P 大

于 1.2，表示贸易双方的贸易潜力已得到充分开发，属于过度贸易型，需要在现有贸易产品、形式上探索新的发展途径开展经贸合作；若 P 在 0.8 和 1.2 之间，表示两国双边贸易的潜力还未开发充分，存在一定的开发空间，属于潜力开拓型，可在目前合作的基础上加深合作的深度；若 P 小于 0.8，意味着双方经贸合作潜力还有很大开发空间，属于潜力巨大型。

根据这一分类，我国西部地区南向开放涉及的 18 个国家之间的双边贸易合作都在 0.8~1.2 范围内，都属于潜力开拓型，贸易潜力还有一定的开发空间，需要创造更加友好的贸易环境，积极开展贸易合作。其中，与菲律宾的双边贸易潜力发挥最充分，最接近 1.0。相较于较早签订自由贸易协定的东盟国家，南亚国家的贸易潜力有更大的开发空间，除了尼泊尔和斯里兰卡，其他南亚四国贸易潜力均低于 1.0。

三、中国西部地区扩大南向开放的空间路径抉择

（一）基本思路

着力实施三维联动、区域合作、深度拓展的协同开放战略，打造向南立体全面开放格局，推动开放型经济质量变革、效率变革、动力变革，努力走在西部全面开发开放前列。

南向三维联动：空陆海无缝对接，立体发展、优势集成，打造空陆海互济的向南战略通道和对外经济走廊。

南向区域合作：抢抓"一带一路"建设、长江经济带发展、西

部开发开放等重大机遇，加强西部 12 省份合作，优势互补、共同建设，全力推进南向对外开放合作。

南向深度拓展：坚持向南全域思维和全局视野，破除盆地意识，稳步推进区域、通道、产业发展，形成经济外向度与社会开放度同步提升、引进来与走出去更好结合、区域竞相跨越的开放格局。

总体上，要做好四个"坚持"。

一是坚持陆海联动、扩大开放。主动融入国家陆海内外联动、东西双向互济开放格局，加快建设连接北部湾、畅联粤港澳、面向东南亚、通往印度洋的综合运输大通道，打通衔接"陆上丝绸之路"与"21 世纪海上丝绸之路"的南北大动脉，全面提升南向开放水平，引领形成"陆海联通、双向开放、东西互济"新格局。

二是坚持互利共赢、务实合作。发挥区位优势、资源优势、产业优势、市场优势，加强与粤港澳、北部湾、云南等南向重点区域合作，加快与东南亚、南亚、中亚、西亚等南向国际市场对接，创新合作机制，推动资源整合、优势互补、分工协作，在合作中实现共赢。

三是坚持市场导向、政府推动。充分发挥市场在资源配置中的决定性作用，更好发挥政府作用，以企业为主体，以市场需求为导向，遵循国际惯例和商业规则，积极构建良好的营商环境和贸易环境，提升南向通道互联互通水平，引导要素资源有序流动、合理布局。

四是坚持立足当前、着眼长远。紧紧抓住区域全面经济伙伴关系协定（RCEP）生效和新一轮西部大开发的有利时机，利用既有南向综合运输通道，推动路网优化布局、补齐短板、提档升级，推动南向市场货物贸易做大增量、优化结构，形成南向开放合作新优势，为与南向国家（地区）长期合作和我国西部地区长远发展提供新动能。

（二）战略定位

中国推动西部扩大对外开放，对构建内外畅通的"双循环"新格局有极为重要的作用。西部大开发事关我国改革开放和现代化建设全局，西部地区扩大对外开放是西部大开发重要的组成部分；构建陆海互联互通的新通道，以实现连通中国西部地区与南亚、东南亚甚至中亚、西亚的重要战略通道，更是推动西部大开发形成新格局的重要抓手。"十四五"期间，中国将进一步采取举措深入推进西部大开发，加大西部地区基础设施投入以及对财税、金融等政策的支持，强化开放大通道建设，实施西部陆海新通道、中老泰铁路、中缅铁路、中尼铁路等重大工程，更大力度推进改革开放，增强发展内生动力，开创西部大开发新局面，陆海新通道建设也将迎来新一轮的发展机遇。

"一带一路"经济走廊建设的深入推进将释放陆海新通道发展潜力。中国西部地区与南亚、东盟国家人口总量超过 26 亿，自然资源禀赋和产业发展存在较强互补性，在该区域内，共建"一带一路"倡议、区域全面经济伙伴关系协定（RCEP）、中国-东盟自贸协定（CAFTA）等叠加，覆盖了"一带一路"六大经济走廊中的中国-中南半岛经济走廊、孟中印缅经济走廊、中巴经济走廊、中国-中亚-西亚经济走廊，沿线区域合作具有巨大的发展潜力，对于推动我国形成陆海联动、双向开放、东西互济的开放新格局，促进我国西部从开放后方变为开放前沿有重要的战略意义。2022 年 1 月，已经生效的区域全面经济伙伴关系协定（RCEP）将在南向开放和陆海新通道沿线推动形成世界上最大的自由贸易区，为西部地区南向开放和陆海新通道的建设提供更加广阔的合作空间。

进一步深化南向开放合作，实现西部内陆地区全面对接粤港澳大湾区、珠三角经济区等发达地区，充分利用广西、云南、新疆等沿海、沿边开放口岸，深化与东南亚、南亚、西亚、中亚、澳大利亚、新西兰等南向地区、国家开放合作，有利于西部地区主动融入国家对外开放战略，全面对接"六大经济走廊"和"21 世纪海上丝绸之路"，扩大与"一带一路"沿线国家开放合作，培育开放新优势，拓展发展新空间；有利于积极探索内陆开放新模式，开辟直达上述地区、国家的铁海联运通道，打造西部开放枢纽；有利于西部地区充分利用 RCEP，全面参与国际产业分工，建立与南向国家（地区）的新型合作关系和产业供应链，在更高层次、更大范围、更广领域开展国际产能合作；有利于加快集聚高端要素资源，培育新技术、新经济、新模式、新业态，促进产业转型升级和高质量发展。

（三）空间布局

中国西部地区面积宽广，从空间地理分布看，扩大南向开放可分为西线、南线和东线三个方向的主通道，主通道下又分若干线路，自西向东排列分布。要统筹区域基础条件和未来发展需要，全面对接"一带一路"六大经济走廊，优化主通道布局，创新物流组织模式，有效降低物流成本，强化区域中心城市和物流节点城市的枢纽辐射作用，发挥铁路、公路在跨境陆路运输中的骨干作用和港口在海上运输中的门户作用，促进形成通道引领、枢纽支撑、衔接高效、辐射带动的发展格局。

1. 主通道

西线1：以成渝地区双城经济圈为中心，建设成都、重庆—西安、兰州—乌鲁木齐、伊犁—中亚（吉尔吉斯斯坦、哈萨克斯坦）—西亚—土耳其的陆海大通道。

西线2：以成渝地区双城经济圈为中心，建设成都、重庆—西安、兰州—乌鲁木齐—喀什—巴基斯坦（卡拉奇、瓜达尔港）的中巴经济走廊陆海大通道。

西线3：以成渝地区双城经济圈为中心，建设成都、重庆—攀枝花、大理、腾冲—缅甸密支那—孟加拉国达卡—印度加尔各答的孟中印缅经济走廊大通道（该线路大部分沿二战时著名的"史迪威公路"延伸，可称为"史迪威线"）。

西线4：以成渝地区双城经济圈为中心，建设成都、重庆—昆明—德宏—缅甸曼德勒—仰光（皎漂港）的中缅经济走廊大通道。

南线1：以成渝地区双城经济圈为中心，建设成都、重庆—昆明—西双版纳—老挝万象—泰国曼谷的中老泰铁路大通道。

南线2：以成渝地区双城经济圈为中心，建设成都、重庆—贵阳、南宁至北部湾出海口（北部湾港、洋浦港）—越南—马来西亚—新加坡的西部陆海新通道。

南线3：成都—泸州（宜宾）—百色—北部湾出海口—越南—马来西亚—新加坡的西部陆海新通道。

东线：以成渝地区双城经济圈为中心，建设成都、重庆—贵阳—桂林—粤港澳大湾区—澳新的东西互联陆海新通道。

2. 核心枢纽

成渝地区双城经济圈：着力打造国际性综合交通枢纽，充分发挥成都、重庆位于"一带一路"地区和长江经济带交汇点的区位优势，建设通道物流和运营组织中心；发挥成都、重庆作为国家重要商贸物流中心、消费中心和科技创新中心的作用，增强对我国西部地区扩大南向开放的引领带动作用。

西安—兰州：充分发挥西安、兰州的区位优势，发挥西部地区重要的经济中心、对外交往中心、丝路科创中心、丝路文化高地、内陆开放高地、国家综合交通枢纽六维战略支撑体系。

广西北部湾—海南洋浦港—广东湛江港：发挥广西北部湾国际门户港、海南洋浦自贸港的国际集装箱枢纽港作用，优化广东湛江港区域国际集装箱港口作用，提升西部陆海新通道的出海口功能。

新疆伊犁、喀什：建设新疆面向中亚、南亚的国际门户陆港，提升霍尔果斯铁路港和喀什公路枢纽的物流功能和外贸集散功能。

3. 主要覆盖区

围绕主通道完善西南、西北地区综合交通运输网络，加强贵阳、南宁、昆明、遵义、柳州、桂林、德宏、西双版纳、保山等西南地区重要节点城市和物流枢纽，以及西北地区乌鲁木齐、哈密、银川、呼和浩特、包头与主通道的联系与衔接，依托内陆开放型经济试验区、国家级新区、自由贸易试验区和重要口岸等，创新通道运行组织模式，提高通道整体效率和效益，有力支撑西部地区经济社会高质量发展。

4. 主要延展带

强化主通道与境外"一带一路"沿线区域的衔接。西部地区要与中亚的哈萨克斯坦、吉尔吉斯斯坦、塔吉克斯坦，南亚的巴基斯坦，东南亚的缅甸、老挝、越南，国内的粤港澳大湾区实现高水平的互联互通；要辐射联通西亚的伊朗、沙特阿拉伯、卡塔尔等国并进一步延伸至土耳其，南亚的孟加拉国、阿富汗和印度，东南亚的泰国、马来西亚、新加坡、柬埔寨、菲律宾、印度尼西亚等国。

（四）西部地区扩大南向开放的总体对策建议

1. 加快完善基础设施建设，打造"水陆空一体化"互联互通网络体系

一是完善西部地区对外开放通道国内段的基础设施建设。着力实现成都、重庆、西安、昆明、泸州、宜宾、乌鲁木齐等铁路物流港至广州港、深圳港、香港、钦州港、洋浦港等南向主要港口常态化的货运班列。加快高铁成网和高速路网建设，推动渝昆高铁、成自宜铁路、成贵高铁加快建设，加快成昆线复线和大攀铁路（大理—攀枝花）建设，畅通南向客货运铁路通道；积极争取将蓉遵高铁泸州至遵义段项目纳入国家高速铁路"十四五"发展规划并尽早实施，加速推进宜宾、泸州高铁枢纽建设；尽快推动成都—格尔木—若羌—库尔勒—喀什客货运铁路的规划验证与动工。要加快畅通陆路物流大通道，大力发展西安、重庆、成都、昆明、贵阳、泸州、宜宾、攀枝花、大理、瑞丽、腾冲、西双版纳、乌鲁木齐、伊犁、喀什等国际陆港和物流节点，加快各类口岸、无水港、综合保税区、保税物流中心（B型）等载体建设联动广西钦州、凭祥和云南河口、

磨憨、瑞丽等沿海沿边"五大口岸",形成南向"多通道跨境、多口岸过境"的全物流体系和"互联网+制度创新"的国际营商环境,构建高效、快捷的国际物流服务体系。

二是积极推动形成孟中印缅经济走廊基础设施互联互通。将川藏铁路纳入孟中印缅经济走廊的通道建设中,前瞻性地规划成都—兰州、成都—格尔木—若羌、成都—日喀则—喀什、成都—德令哈—喀什的能连通中巴经济走廊通道的集装箱重载高铁;规划建设成都—稻城—缅甸北部—印度东北部的陆路通道;规划修复并主动连接"古南方丝绸之路"的路网通道。要积极对接中缅铁路,加快推进成都(重庆)—昆明—瑞丽—曼德勒(仰光)—皎漂港的铁路大通道规划建设。联合西南省份积极向国家层面呼吁,推动川贵渝—云南—澜沧江—湄公河流域、川贵渝—云南—中缅经济走廊陆海新通道建设,尤其是加快推进云南瑞丽—缅甸皎漂的中缅铁路建设,形成经西南地区进入南亚、印度洋的全新陆海通道,推动构建国家南向开放新格局。中缅经济走廊依托的中缅铁路境外段北起云南瑞丽,经中缅边境南下到缅甸古都曼德勒,然后分两线延伸到仰光新城和皎漂经济特区,该铁路有望在 2025 年前建成。中缅铁路将开辟我国西南地区直达印度洋的便捷出海通道。届时我国到欧洲、北非、南亚和西亚的海路运输,不仅可以避免长途绕行中南半岛,而且能够避开马六甲海峡,极大提升国家经济安全水平。西部各省份要将中缅经济走廊建设上升到对外开放的重要战略位置,加大与云南在铁路交通建设上的协同发展,实现中缅铁路陕西—四川(重庆)—云南段高等级铁路的联通。西部各省(市、区)级投资平台应积极参与中缅铁路缅甸段的项目投资建设和缅甸境内仰光、皎漂经济开发区等地区的项目投资，力争早日实现川缅互联互通。要加强与缅甸和孟加拉国的经贸人文合作，发起召开"孟中印缅经济走廊合作高峰论坛"，成都、昆明、重庆可轮流作为主会场，论坛每年举办一次。

三是积极推进面向中巴经济走廊的基础设施互联互通。西部地区要统筹西向和南向开放，陆上与海上通道齐头并进，积极参与中巴经济走廊建设，大力推进联程联运和国际产业合作，促进西部地区外向型经济与内需协调互动，拓展四川对外经济合作空间。第一，"十四五"期间，西部地区要积极对接中巴经济走廊长期规划，并鼓励各省份国企积极参与中巴经济走廊基础设施互联互通和产业园区建设，尤其是瓜达尔港、瓜达尔自贸区、中巴经济走廊内公路和铁路项目，以及发电站、油气设施等能源领域的建设，参与巴基斯坦基础设施建成后的运营。第二，要加强与巴基斯坦的经贸往来和进出口业务，尤其要通过"互联网+"战略，发展中国西部地区与巴基斯坦的跨境电商业务，增强巴基斯坦水果、牛羊肉等特色产品的对华出口；要向巴基斯坦各界积极推广"四川造""陕西造""重庆造""广西造"产品，重点是装备制造业、电子信息产品和各类工业制成品。第三，要对接国家铁路建设战略规划，推动建设成都—格尔木—喀什的西向铁路大动脉，探索实现"中欧+"中巴陆海新通道的互联互通和物流运输；同时，要加大西部各省份与新疆的区域间合作，在新疆喀什、霍尔果斯等口岸合作建设口岸物流园和产业合作园。

四是积极对接融入中国-中南半岛经济走廊建设，推动实现陆海新通道互联互通。要积极推进西部陆海新通道建设，规划建设一批国家物流枢纽和开放平台。将成渝地区双城经济圈建设成为内陆开放先进示范高地，加强与广西、云南、新疆在港口、自贸区和产业园区的建设合作，进一步运用好 RCEP 协定。要加强与陆海新通道相关区域与东盟的经贸人文合作，发起举办"陆海新通道暨 RCEP 合作高峰论坛"。以陆海新通道为依托，创新与粤港澳大湾区的空间与产业联系，构建川粤港澳陆海基础设施大通道和经济走廊。第一，进一步发挥内地与香港关于建立更紧密经贸关系的安排（CEPA）机制作用，将西部各省份与香港形成的合作会议机制成果落到实处，加强科技创新、跨境贸易、现代金融、城市构造、文化创意、智慧旅游等领域的合作，支持西部地区企业赴港交所上市，并以香港为桥头堡，开展国际化经营和国际产业合作，将西部地区与香港的合作做深、做实、做厚、做广。同时，建立西部各省份与澳门合作机制，加强与澳门在跨境贸易、文化旅游、科研创新、生态环保、生物医药等领域的合作。第二，充分发挥泛珠三角区域合作机制作用，联动粤港澳大湾区沿海口岸，创新"蓉欧（渝新欧）+"东盟、"蓉欧（渝新欧）+"粤港澳等陆海联运模式，创新川港（眉山）创新产业园、广安（深圳）产业园等产业合作园区共建共管共享机制。探索西部各省份与香港、澳门、广州、深圳共建创新科技园、文化创意城、新兴产业基地、中医药科技产业合作园等重大创新载体建设。支持粤港澳大湾区在西部地区建设物流及供应链管理应用技术、量子技术、石墨烯新材料、人工智能、区块链、核聚变、汽车零部件、纳米及先进材料、中医药科技产业等领域的研发中心或实验室。

五是利用西部地区空港集群拓展"空中丝绸之路"。大力发展江海、江铁、铁海、陆航等多式联运，实现"水陆空一体化"多元物流，开通成都、重庆、西安、昆明至南亚和东南亚主要城市的直航客货运航线，提高运输效率；推动口岸管理实现"信息互换、监管互认、执法互助"，提高通关效率；在天府机场、江北机场、咸阳机场附近建设国际仓储物流园区，引进国际一流仓储物流管理企业和国际货运公司，促进临空经济发展。坚持以客带货、客货并举，畅通"空中丝绸之路"走廊，开辟国际货运航线，建成国际航空货运枢纽，加密及增开由成都始发的南向国家客货运定期航班，以提高客机运载和全货机为目标，运输能力支持国内、国际航空公司投入更多宽体客运机和全货机。

2. 突出南向开放促进外向型产业高质量发展

在 RCEP 和 CAFTA 框架下，充分利用中国-东盟投资合作基金和中国-东盟专项信贷资金，支持更多西部地区的企业参与东盟、南亚、澳新等地市场拓展、资源开发利用和基础设施建设，扩大企业发展空间。有序引进一批东盟、南亚、澳新的康养医药、文化旅游、科技研发项目，同时推动机械装备、家具建材、电子信息、冶金化工、医药健康、特色农业等行业优势企业到南向市场投资兴业，带动产业、产品、技术、标准全产业链"走出去"。

依托现有国家级和省级高新区和经济开发区，积极搭建面向南向市场的国际化产业合作平台，鼓励西部各地与粤港澳、新加坡、马来西亚、印度、巴基斯坦等"一带一路"沿线地区与国家合作共建产业园区和科创园区，积极承接国际产业转移，推动产业国际要素水平的提升，发展外向型产业。推动西部地区的自贸区、自贸区协同改革创新试验区等开放平台加强合作，共商、共建开放型产业园区和科研平台，发展现代物流业。

3. 加强构建南向开放合作平台

西部内陆地区打造开放型经济，强力根植开放经济制度，汇集发展要素。通过推进技术进步、培育人力资本，提高获得性要素的比较优势，同时通过经济杠杆、信息服务、法律体系，创造高效的市场环境以增强产业国际竞争力。

一是争取在国家层面设立西部地区南向开放办公室。西部地区实施面对南亚、东南亚的南向开放具有重要的经济意义和战略意义。实施南向开放的首要任务是建设跨省、口岸连接的经济走廊和交通通道。目前省份与省份之间不易建立对外开放的发展协调机制，建议在国务院或国家发展改革委层面设立西部地区南向开放办公室，统筹我国西部各省份南向开放的政策协调、规划协调和资源分配。

二是打造国家主场外交平台。近年来，我国根据主场外交的思维搭建和拓展了诸多国家对外开放平台，如"一带一路"国际合作高峰论坛、中非合作论坛、博鳌亚洲论坛和中国国际进口博览会等。今后可从以下三方面进一步打造。第一，以南向开放为着力点，以南亚区域合作联盟为突破口，主动打造"中国—南盟论坛"，逐步升级为国家级外交平台，并力争在昆明建设"中国—南盟论坛"永久会址。第二，定期举办双边贸易促进品牌展销会。加强四川城市、企业、产品、文化的海外宣传力度，提升西部各省份在南向区域市场的知名度，从而带动双边经贸合作。第三，打造 RCEP 经贸合作论坛。邀请国内及东南亚各国的政界、商界、学界高层次人士参加，形成智库成果和国际品牌，为 RCEP 协定下各国加深合作建言献策。

三是营造开放型经济发展的良好环境。西部地区各级政府要加快向服务型政府、法制型政府转型，营造公平竞争、进出自由的市场环境。克服外资和民资在市场准入、法制环境、融资环境、审批管制、服务体系等方面的制度障碍，提供公开、开放、透明、可预期的制度环境，降低社会交易成本。积极实施科技开放互动战略，开展跨区域科技合作和创新体系建设，推进产业集群融入更大区域乃至全球产业价值链体系。

四是促进出口产品标准化、提升国际竞争力。建立和优化科技创新体系，提高产品整体质量，力争部分优质产品生产与国际标准接轨；优化出口产品结构，不断提高产品的知识、技术含量；以自有品牌、自主知识产权和自主营销为重点，引导企业增强综合竞争力；支持自主性高技术产品、机电产品和高附加值的劳动密集型产品出口；加强知识产权保护，激励生产者改进产品质量。

五是加强与南向区域的人文交流。第一，要鼓励实施留学生、学者互派计划。开展"四川与港澳、南亚、东南亚、澳新青年人才交流"活动，建立互派留学生机制。西部地区高校应进一步扩大东盟、南亚、中亚、西亚等地区国家留学生规模，制定完善的吸引留学生的勤工助学和社会保障政策，充分发挥政府奖学金的引领作用，放大品牌效应，鼓励和吸引社会力量设立奖学金。同时，加强友好城市、学校缔结。第二，设立对外开放交流基金。鼓励东盟、南亚、中亚、西亚等地区的学者、留学生、政府官员在该基金框架内申请专项经费，到中国西部地区高校学习、交流。也同时鼓励西部地区的学者、学生、企业和政府人员申请专项经费，前往相关地区交流、访问、学习、考察，实现更大范围、更高层次的"走出去"。第三，促进国际旅游互动发展。深化西部地区与境外旅游客源地的合作，科学规划并共同打造旅游精品线路，鼓励西部地区旅游企业"走出去"参与国际竞争，促进四川与国际旅游业互动发展；简化旅游签证办理手续，为西部地区与重点开放地区人员旅游提供更多便利。

4. "拓展"与"保护"两手都要硬，构建风险防范机制

一是定期发布南向国家市场投资资讯。定时对南向国家的政治、经济、社会等情况进行整理，通过政府官网、微信公众号、新闻媒体等平台向社会发布，一方面有助于向西部地区的企业提供投资信息，另一方面关注南向区域市场动态，提醒有关企业提前做好应对。

二是建立境外突发事件的应急处理机制。制定应急预警措施，针对投资对象国政治风险、经济风险、社会风险等方面建立相应的应急管理机制，加强与国家商务部、外交部的沟通合作，第一时间对法律纠纷、政治避难、经济援助等相关事宜进行应对。

三是加强对"走出去"的川企就南向区域市场的法律制度进行培训。定期对"走出去"的企业进行投资国的国情、法律制度培训，提升企业的法律意识，避免不必要的法律纠纷。

5. 围绕资金、人才和技术打造国际要素集聚区

一是制定系统完整的行业技术引进政策，并纳入统一的产业规划，积极合理地扩大进口，加大引进国外先进技术和关键设备技术的力度。技术引进政策的制定要注意"四个协调"：第一要与主导产业培育和产业集群的打造相协调；第二要与吸引跨国公司和世界500强公司的产业选择相协调；第三要与出口产品的升级方向相协调；第四要与四川本地的技术发展和人才培育政策相协调。同时还要提高本土企业消化、吸收、集成、创新国外先进技术的能力和水平，以推动本地产业竞争力的提升。

二是打造区域性和国际性专业化产业区。国际性专业化产业区

应该具备以下三大功能。

第一，通过加大技术创新投入、创建共性技术研发中心等，不断强化产业区自身的产品研发与技术创新功能，在不断增加自主技术和知识专利拥有量的同时，逐步进入国际分工网络的高增价值环节。可在成都、泸州、宜宾、重庆、西安、乌鲁木齐等地的新区、高新技术产业园区、经济开发区设立对外合作科技园区，如中新科技园、中韩科技园、中欧科技园等，加大要素在国际市场上交换的力度。

第二，把自主创新与吸收引进有机结合，解决制约产业升级的先进技术和国际型人才短缺等高级要素瓶颈，以迅速提升区域整体的创新能力和竞争优势。

第三，通过嫁接式引资，引进本地具有现实基础的外资项目和本地发展急需的国际技术和管理人才，从而带动和提升整个区域的国际化水平和技术水平。

6. 以供给侧结构性改革为抓手推动国际要素升级

众所周知，知识和技术已经取代原材料、能源、资本成为第一生产要素，知识要素的收益递增为一国贸易的发展提供了持续的动力。

一是充分利用西部地区当前开放的发展势头，避免走成本型开放"一刀切"的模式，重视知识性开放的发展，在更高层次与更广领域优化资源配置，从进口贸易、引进外资、对外投资多方面来增强要素的汲取能力。

二是通过积极推动西部地区企业的技术和品牌导向型对外投资来部署"走出去"战略。技术和品牌导向型对外投资的首要目的是获取国外的先进技术和国际知名品牌，其主要投资对象一般为发达国家，投资方式包括新建和"反向收购"。

三是要引入国际化生产性服务业，实现利用外资重点向现代服务业的转型。把服务业领域利用外资作为新的突破口，加强对服务业开放的引导和协调，尽快适当新推一批服务业对外开放的项目。

7. 建设西部金融中心推进更高层次开放

大力推进西部地区与"一带一路"六大经济走廊跨境金融机构互设与合作。积极有效利用国外贷款，支持符合条件的项目使用国际商业贷款。通过银团贷款、委托贷款等方式支持"一带一路"重点项目基础设施建设。鼓励金融机构为"走出去"企业提供"一揽子"跨境人民币金融服务方案。鼓励境内机构使用人民币开展对外贷款、投资和援助，鼓励企业设立人民币对外产业基金。推动贸易投资便利化和境内外资金融通。积极推动有关跨国集团开展人民币、外汇双向资金池业务以及经常项下人民币集中收付业务。推进跨境电子商务外汇支付业务，开展个人经常项下和跨境电子商务人民币结算业务。

一是狠抓机遇，对接中央最新颁布的金融开放政策，大力引入外资银行、保险公司、证券公司、私募股权基金，深化推进把成都、重庆建设成为西部金融中心。

二是培育金融网络，增强和完善金融中心的集聚外部性。主要从两方面着手，一方面是金融要素市场体系、金融工具、金融产品、支付结算体系、金融后台等有形部分，另一方面是中央支持、财税、土地、产业等激励措施的无形部分，构建金融网络体系，发挥其正外部性和累计循环因果作用。

　　三是大力发展证券、期货、保险相关机构，打造西部票据中心，提高票据业务的专业化、集约化程度，大力发展异地票据贴现和转贴现，提高资金吸纳和辐射能力。

第四章　中国西部地区扩大面向
　　　　　中南半岛经济走廊的对外开放

　　中国-中南半岛经济走廊是《推动共建丝绸之路经济带和21世纪海上丝绸之路的愿景与行动》提出的六大国际经济走廊之一，它以中国广西壮族自治区、云南省为主要门户，向北延伸至中国广大内陆腹地和东部发达地区，向南经越南、老挝、柬埔寨、缅甸、泰国延伸至马来西亚和新加坡，是陆上丝绸之路和海上丝绸之路的连接区域，是沟通太平洋和印度洋的陆上桥梁，也是中国和东盟合作的跨国经济走廊。

　　中国与中南半岛国家是一衣带水的友好邻邦，经济互补性强，市场容量、合作空间和发展潜力巨大。共建"一带一路"倡议推进以来，我国依托中国-东盟自贸区建设、大湄公河次区域合作、中国-东盟博览会、中国-东盟商务与投资峰会、泛北部湾经济合作论坛暨中国-中南半岛经济走廊发展论坛等合作机制和平台，积极加强与中南半岛国家互联互通、经贸合作、金融合作和体制机制建设，取得显著成效。尤其是2020年11月15日，东盟10国和中国、日本、韩国、澳大利亚、新西兰共15个亚太国家正式签署《区域全面经济伙伴关系协定》，进一步夯实了中国-中南半岛经济走廊制度基础、扩大了合作空间。

　　由于特殊的区位条件、与我国悠久的历史文化渊源和较强的经济互补性，基础设施互联互通在中国-中南半岛经济走廊的建设中具备较好的基础条件，近年来也取得了许多新的进展。如在铁路领域，2021年3月29日，中泰铁路合作项目一期（曼谷—呵叻段）三个标段的施工协议正式签署，预计将于2026年底竣工通车；在公路领域，2020年12月20日，中老共同投资建设的老挝第一条高速公路中老高速公路万象—万荣段提前13个月建成通车；在水运领域，2021年4月29日，覆盖中南半岛全境的西部陆海新通道（多式联运）班列开行数量达到1万列。

尽管中国-中南半岛经济走廊起步平稳且进展较好，尤其是基础设施互联互通项目持续推进，但也存在不少风险和挑战。比如走廊沿线各国的经济发展较为不平衡，建设基础设施的组织能力和经济实力差异较大；缅甸、泰国等国家的政局存在一定程度的波动，一些建设项目受到较大影响；不同国家公路、铁路网自成体系，道路、桥梁、电网等技术标准存在差异，建设流程不能完全兼容等。与此同时，随着国际地缘政治局势的快速演变，美国、日本、印度等国介入中南半岛事务的意愿和措施进一步增强，"中国威胁论"及其变种在中南半岛的传播和影响也在增加，极端宗教渗透、恐怖主义威胁、传染病等非传统安全挑战带来的问题层出不穷。

综上，本章将结合新的国际局势和经贸动态，对中国-中南半岛经济走廊建设的意义和机遇进行深入分析，并在仔细梳理中国-中南半岛经济走廊基础设施互联互通建设最新进展的基础上，剖析新发展条件下中国-中南半岛经济走廊基础设施互联互通建设的风险与挑战，并提出相应的对策建议。

一、中国-中南半岛经济走廊建设的意义与机遇

(一) 中国-中南半岛经济走廊建设的重大意义

1. 共建共享"一带一路"的关键支撑

在共建"一带一路"倡议涉及的地缘格局中,中南半岛地区是太平洋和印度洋的交汇连接地带,是地缘政治与地缘经济相叠加的热点地区(朱陆民 等,2011),是中国从海上通向世界的交通要道和能源安全的重要保障(许正 等,2013),是日本及韩国通向中东的海上航线的必经之路,也是美国经由西太平洋进入中东地区海上航线的必经之地,历史上的法、英、日等都曾将该地区作为入侵威胁中国南疆的基地(周素勤 等,2008)。

近年来,中南半岛已经成为世界上经济发展最具有活力和潜力的地区之一,相比于东北亚和西亚等区域,中南半岛地区与我国毗邻并分属湄公河上下游,这种山水相连的天然客观联系无法被割断。而且,经过大湄公河次区域经济合作二十多年的发展,彼此间的外交互信基础扎实,经济合作依存度较高,地缘经济关系发展潜力巨大。此外,中南半岛是从中国进入印度洋的必经之地,从中国经中南半岛的陆路通道可直达印度洋沿岸海港,不仅是避免陷入"马六甲困局"的可能选择,也是加强与印度洋国家联系的重要选择(段涛 等,2017)。随着我国与中南半岛国家政治互信的不断提升,经贸相互依存度逐步加深,全面交流与合作关系日趋巩固,中国-中南半岛经济走廊建设对我国共建"一带一路"倡议的实施、深化中国-

东盟合作和拓展澜湄合作机制等都具有重要的战略意义。

2. 构建"双循环"新发展格局的重要一环

中共十九届五中全会审议通过了关于制定"十四五"规划和2035 年远景目标的建议,提出加快形成以国内大循环为主体、国内国际"双循环"相互促进的新发展格局。这个新发展格局绝不是封闭的国内循环,而是开放的国内国际双循环。我国在世界经济中的地位将持续上升,同世界经济的联系会更加紧密,为其他国家提供的市场将更加广阔,我国将成为吸引国际商品和要素资源的巨大引力场。中国坚持深化改革、扩大开放,加强科技领域开放合作,推动建设开放型世界经济,推动构建人类命运共同体。中国与中南半岛山水相连、人文相亲,较低的交易成本和相似的文化风俗等为经济合作提供了便利条件,中老铁路、老泰铁路、雅万高铁、泛亚铁路等项目的推进使中国与中南半岛经济联系更加密切。近年来,中国与包括中南半岛在内的东盟建立了更加紧密的全面战略伙伴关系,双边经贸合作、人文交流、基础设施互联互通等领域的合作不断取得新成果。从某种意义上说,中国-中南半岛经济走廊已经成为"双循环"新发展格局下的先行者和"试验田",也是多边合作的典范。畅通国内国际双循环,将为中国-中南半岛经济走廊建设带来新机遇,推动中国-中南半岛经济走廊的合作向更高水平迈进。

3. 打造周边命运共同体的优先方向

2013 年 10 月,习近平总书记在周边外交工作会议上强调坚持与邻为善、以邻为伴,坚持睦邻、安邻、富邻,突出体现亲、诚、惠、容的理念,要把中国梦同周边各国人民过上美好生活的愿望、同地区发展前景对接起来,让命运共同体意识在周边国家落地生根(钱彤，2013）。

中国与中南半岛毗邻。中南半岛各国中，缅甸在共建"一带一路"倡议中举足轻重，是中国 21 世纪海上丝绸之路进入印度洋地区的支撑点，也是最为关键的一站；老挝地处中南半岛中心位置，是中国增强在中南半岛多个方向影响力的辐射中心；越南与中国陆海相接，既与中国有紧密的政治关联和经贸关系，又在南海存在海域争端；泰国和柬埔寨虽不直接与中国接壤，但与中国互为传统友好国家，是中国地缘政治、经济和文化实力辐射东南亚的重要"跳板"和"平台"。同时，中南半岛国家是东盟的重要组成部分，多数是东盟的新成员，也是东盟发展相对后进的国家，中国积极开展与中南半岛国家的深度合作，有利于促进周边国家的经济社会发展，通过缩小区域内部不平衡，推动中国与东盟深化合作与互信。

以包括澜湄次区域在内的中南半岛为起点与试点，从中国西南周边推进人类命运共同体建设，将为中国周边外交工作提供理论参考和经验借鉴，增强中国与其他国家的合作信心，为后续推动中国-东盟命运共同体、亚洲命运共同体、人类命运共同体的建设奠定坚实的基础（卢光盛，2018）。

（二）中国-中南半岛经济走廊建设的重要机遇

1. 中国-中南半岛合作机制相对稳定

自 20 世纪 90 年代起，我国就保持与亚洲开发银行共同推动建立大湄公河次区域经济合作机制和东盟-湄公河流域开放合作机制（AMBDC），广泛开展与中南半岛区域国家合作。1994 年，中国建立了澜沧江-湄公河次区域经济合作国内协同机制，原国家科委、国家计委为组长单位，云南省人民政府为副组长单位。2002 年和 2005 年，中国政府先后发表了两份《中国参与大湄公河次区域经济合作国家报告》。在 1996—1997 年和 2008 年两次金融危机中，中国对东盟的帮助和支持，极大地改善了双边信任关系，成功发展了同东盟国家的经济、政治关系，中国和东盟的关系上升为战略伙伴关系。2008 年，时任总理温家宝在老挝万象出席 GMS 第三次领导人会议时曾提出建设大湄公河次区域经济走廊，以经济走廊作为推进次区域合作的重要内容。2006 年首届环北部湾经济合作论坛提出"中国南宁-新加坡经济走廊"。2014 年来自中国、东盟 10 国、印度 12 个国家的专家学者提出关于携手共建中国-新加坡经济走廊的"南宁共识"，构筑中国-东盟合作大动脉。

直到 2015 年 3 月，中国发布《推动共建丝绸之路经济带和 21 世纪海上丝绸之路的愿景与行动》，中国-中南半岛经济走廊作为单独概念被正式提出。2015 年 9 月 18 日，中国-中南半岛经济走廊合作发展圆桌会举办并达成五点共识。2016 年 5 月 26 日，中国-中南半岛经济走廊发展论坛以"互利共赢，共建中国-中南半岛经济走廊"为主题，围绕"共建中国-中南半岛国际大通道""共促中国-中南半岛运输与通关便利化"两大议题进行了深入探讨，并发布了《共建中国-中南半岛经济走廊倡议书》。目前，国家层面主要通过中国-东盟自贸区、澜湄合作以及大湄公河次区域经济合作等机制进行推动；地方层面主要通过云南、广西等省份，以滇缅合作论坛以及云南-老北、越北、泰北合作工作组和南宁-新加坡经济走廊等机制推进。总的来说，中国-中南半岛经济走廊建设的双边或者多边官方框架性共识正在加快形成（段涛 等，2017）。

2. RCEP 成功签署有力推动市场开放

RCEP 自贸区是目前全球体量最大的自贸区，现有的 15 个成员国，GDP 总额达 26 万亿美元，总人口达 22.7 亿，出口总额达 5.2 万亿美元，均占全球总量约 30%。RCEP 自贸区的建成意味着全球约三分之一的经济体量将形成一体化大市场。RCEP 自贸区囊括了东亚和东南亚地区主要国家，将为区域和全球经济增长注入强劲动力。从发展动能看，RCEP 自贸区将显著提升东亚区域经济一体化水平。RCEP 自贸区的建成是东亚区域经济一体化新的里程碑，将显著优化域内整体营商环境，大幅降低企业利用自贸协定的制度性成本，进一步提升自贸协定带来的贸易创造效应。RCEP 自贸区还将通过加大对发展中和最不发达经济体的经济和技术援助，逐步弥合成员间发展水平差异，有力促进区域协调均衡发展，推动建立开放型区域经济一体化发展新格局。

由于中国人口红利逐渐收紧、土地资源越发稀缺和环保压力不断增大，RCEP 的签订有助于中国部分初级加工产业有序向中南半岛相关国家转移，这将推动国内资源更加集中地用于创新和高科技产业，不断实现产业升级和结构调整，巩固我国在区域产业链供应链中的地位，加快形成国际竞争合作新优势，推动经济高质量发展。RCEP 签订后，中国-中南半岛经济走廊所设国家的政治经济关系必将更加密切，促进共享发展和繁荣。

3. 与中南半岛相关国家发展需求相适应

中国-中南半岛经济走廊沿线国家发展不平衡，除了新加坡、马来西亚两国社会经济相对发达，其他几国都是东南亚地区相对欠发达的国家。但实际上，这些国家都拥有比较丰富的自然资源，包括水、森林、生物、地热、旅游和矿产等资源。无论是在中南半岛、澜湄次区域经济合作还是在东盟互联互通总体规划中，挖掘中南半岛国家资源优势、增强地区互联互通等方面的建设都是极为重要的发展目标，必然催生大量的基础设施需求。特别是中南半岛国家为了进一步加快工业化，提高经济社会发展水平，基础设施建设和互联互通已经是当务之急。当前，中南半岛部分国家谋求成为大规模承接国际产业转移的新制造业中心之一，对跨境互联互通的需求将迅速上升。

世界经济论坛发布的《2016—2017 年全球竞争力报告》《2017—2018 年全球竞争力报告》《2018—2019 年全球竞争力报告》显示，全球基础设施竞争力指数平均值分别为 4.09、4.09、4.09，而中南半岛国家中只有泰国达到平均值，其余 4 国均没有达到平均水平，缅甸的基础设施整体水平更是仅为 2.1 左右，约为全球平均水平的一半。具体来看，多数国家的整体基础设施建设质量较差，具体体现在交通、电力和网络等基础设施建设上（朱翠萍 等，2019a）。举例来说，作为内陆国的老挝基础设施比较落后，全国公路里程仅 43 604 公里，且没有一公里高速公路；铁路只有 3.5 公里；航空仅有 20 多条航线，客运量仅为 44 万人次/年，货运量仅为 2 万吨/年。位于中南半岛西侧的缅甸，铁路基础设施较差、路网陈旧，目前尚无城市地铁；通信方面，电话交换台中 442 个为自动交换台，6 个为人工接线台；电力方面，家庭供电比例刚刚达到 50%，工业用电仍有较大缺口，在用电高峰期难以得到保障，停电状况依然普遍。

2016 年 9 月，东盟在老挝万象通过了《东盟互联互通总体规划

2025》，该规划作为《东盟经济共同体 2025 蓝图》的一部分，将加强东盟在地区经济合作中的主导地位，促进东盟内部的稳定团结和经济增长。该规划再次强调了物理联通（例如，交通运输、信息通信技术和能源等三个层面互联互通）的重要性，明确了 5 个重点领域和 14 个重点倡议。互联互通是中国与东盟合作的优先领域，中方大力支持东盟的相关举措，与东盟方共同成立了中国-东盟互联互通合作委员会，致力于落实中国和东盟国家领导人关于促进中国与东盟互联互通合作的有关共识和倡议，研究确定双方合作的重点领域和优先项目。

二、中国-中南半岛经济走廊互联互通建设的现状

（一）公路领域

1. 云南方向

昆明经磨憨出境至老挝至泰国曼谷公路（昆曼公路）。昆曼公路是中国与中南半岛互联互通的典型成果，也是中国-东盟自由贸易区合作的重点项目和大湄公河次区域确定的南北经济走廊。昆曼公路全长 1 800 多公里，分为中国境内段、老挝段和泰国段三段。中国境内段整段均位于云南省，起点为云南省省会昆明，先后途经玉溪、普洱、西双版纳，终点为中老边界的磨憨口岸。老挝段全长 200 多公里，起点为磨丁，途经南塔、波乔省抵达终点会晒。泰国段全长 800 多公里，起于湄公河畔的边境城市清孔，途径清莱、南邦、来兴、那空沙旺、猜那府，最后抵达曼谷。昆曼公路作为亚洲公路网

的重要部分，除了连接沿线的中老泰三国，也与马来西亚、新加坡公路网相连接。在路况方面，2017年9月，昆明小勐养至磨憨高速公路开通，标志着昆曼公路中国境内段已实现了全程高速公路；老挝段山路较多，部分路面蜿蜒曲折，整体路况较差；泰国段已实现了全程高速公路，由泰国和中国出资建设的清孔—会晒大桥也于2010年6月正式开建，并于2013年年底建成通车。此外，2021年年初，云南省交投集团与老挝政府合作建设的老挝磨丁（琅南塔省）至会晒（波乔省）新高速公路建设项目《经济—技术可行性研究报告》通过老挝公共工程运输部部长会议审查并获批，标志着磨会高速公路朝着落地建设迈出了坚实的一步（云南省交通投资建设集团有限公司，2021）。磨会高速公路起于老挝磨丁口岸（中老界），止于老挝会晒口岸（老泰界），建设里程176.3公里，估算总投资241.26亿元，建成后将使昆曼公路实现全程高速。同时，老挝境内的万荣—万象高速已建成通车。

昆明经河口出境至越南河内至海防公路。该公路通道走向是自昆明起经石林、开远、蒙自到达河口，由河口出境经越南老街、安沛、永安到达越南首都河内，再由河内延伸至其北部沿海城市海防。路线全长约780公里，其中云南境内约405公里，越南境内约375公里，均为高速公路。在云南境内主要途经昆石高速、石锁高速、锁蒙高速、蒙河高速，2013年10月9日，开远锁龙寺至蒙自高速公路正式建成通车，标志着云南段实现全程高速化。在越南境内，河内至海防高速公路于2015年年底全线通车。2018年9月19日，云南省交通运输厅在昆明市南部汽车客运站举行中国昆明—越南海防国际道路客运试运行接车仪式，标志着云南昆明与越南海防从此进入

"直通车"时代（丁怡全，2021）。

此外，中国与缅甸之间还形成了"人字形"公路通道，即是指联通昆明—瑞丽—曼德勒—内比都—仰光、昆明—瑞丽—曼德勒—马奎—皎漂港的两条交通线路，由于两条线路均经过瑞丽—曼德勒，在曼德勒分道后一条继续向南延伸经缅甸首都内比都直至仰光，另一条向西延伸经马奎至皎漂港，在地图上看两条线路呈"人"字形。中缅两国的交通设施联通状况在整个中国-中南半岛经济走廊区域内相对较好，具体情况参见本书"中缅经济走廊"相关论述。

2. 广西方向

广西在陆上与越南接壤，与中南半岛相关国家的公路连接都经过越南。目前，广西与越南的公路通道主要包括东中西三条线路。

东线即从南宁经防城港从东兴出境入越南，具体走向为南宁—钦州—防城港—东兴。其中南宁—钦州—防城港段高速公路属于广西沿海高速公路，分别于 2012 年和 2017 年进行两轮改扩建工程，形成了设计速度 120 公里/小时的八车道高速公路通道；防城港—东兴段高速公路于 2013 年 12 月 20 日建成通车，并与中越北仑河二桥引道相连；北仑河二桥于 2014 年 4 月 1 日开工建设，2017 年 9 月 13 日正式建成，于 2019 年 3 月 19 日正式开通启用，成为中越之间的重要陆上通道。

中线即从宁南经凭祥友谊关出境入越南。2000 年 1 月，中国凭祥—越南谅山客货线路开通，实现中越两国国际道路运输合作零的突破。2005 年，我国第一条通往东盟国家的高速公路——南宁至友谊关高速公路建成通车，南宁到中越边境用时从原来的 4 小时缩短一半。目前，广西经友谊关口岸至越南的国际道路客货运输线路共计 10 条。随着口岸通车量、通货量不断增长，友谊关口岸成为广西陆路第一大口岸，也是国内热带水果最大的进口口岸及国内货物出口东盟最便捷的陆路大通道之一（李晴 等，2021）。

西线即从南宁经百色至靖西出境入越南。南宁至百色高速公路主线全长约 188 公里，于 2005 年开工建设，2007 年 12 月 28 日建成通车；百色至靖西高速公路主线全长 97.1 公里，连接线长 40.15 公里，于 2009 年 9 月 25 日开工建设，2014 年 12 月 16 日建成通车。南宁至靖西车程从 5 小时缩短到 3.5 小时。靖西龙邦公路口岸是广西三大重点口岸之一，"十二五"以来，进出货运达 150 多万吨，年均增长 20%，进出境人员 130 万余人次，年均增长 30%。

同时，根据《广西高速公路网规划（2018—2030 年）》，广西下一步将完善重要出边通道 9 条，加快构建贯穿南北的与东盟中南半岛国家的跨国"南向"通道，衔接东盟自贸区，有效联通"一带一路"地区。包括：①百色—平孟口岸；②崇靖高速—岳圩口岸；③隆硕高速—硕龙口岸；④巴马—龙州—凭祥友谊关口岸；⑤崇左—爱店口岸；⑥邕宁—友谊关口岸；⑦南宁—上思—峒中口岸；⑧南宁—上思—东兴口岸；⑨铁山港—钦州港—防城港—东兴—凭祥（友谊关）（广西壮族自治区交通运输厅，2018）。

（二）铁路领域

1. 云南方向

中老铁路是中老两国合作的标志性项目，也是泛亚铁路的重要组成部分。项目线路由中老边境口岸磨憨/磨丁到老挝首都万象，向北连接中国境内玉磨铁路，由中国国家铁路集团有限公司所属中国铁路国际有限公司牵头中方企业与老挝国家铁路公司成立老中铁路有限公司，按照中国标准设计、建设、运营。线路全长 414 公里，单线，电气化，设计速度 160 公里/小时。2015 年 11 月 13 日，中老两国政府在北京签署了《中老两国间铁路基础设施合作开发和中老铁路项目合作协议》。2016 年 8 月 24 日，老中铁路有限公司在老挝完成注册。2016 年 12 月 25 日，中老铁路在老挝拉勃拉邦举行全线开工仪式，2021 年 12 月 3 日全线开通。在境外，2019 年 6 月 1 日，全线最长桥梁楠科内河特大桥架梁施工圆满完成。2019 年 7 月 13 日，孟阿二号隧道顺利贯通。2019 年 7 月 28 日，琅勃拉邦湄公河特大桥成功合龙。2020 年 3 月 27 日，首根 500 米长的钢轨在万象成功铺设。2020 年 3 月 31 日，全线通信信号工程正式开工。2020 年 4 月 1 日，最大跨度桥梁——班那汉湄公河特大桥主桥合龙。2020 年 4 月 29 日，重点控制工程——空琅村隧道贯通。2020 年 9 月 13 日，友谊隧道安全贯通。2020 年 11 月 19 日万象站站房封顶。2020 年 12 月 29 日，万象至琅勃拉邦段完成铺轨（中国国家铁路集团有限公司，2020）。2021 年 3 月 31 日，老挝段外部供电项目通过验收。2021 年 4 月，万象焊轨厂最后一根 500 米长轨完成焊接。2021 年 5 月 15 日，磨丁站至万象站段通信铁塔全部组立完成。在境内，中老铁路项目即为玉磨铁路。2021 年 1 月 11 日，巴罗二号隧道全隧贯通，意味着 93 座隧道已贯通 89 座，同时全线站前土建工程已基本完工。2021 年 4 月 1 日，玉磨段全线铺轨过半到达宁洱车站。2021 年 5 月 13 日，玉磨铁路长钢轨焊接全部完成。

昆玉河铁路，是泛亚铁路东线的一部分，走向为昆明经玉溪到河口口岸，出境后连接越南铁路网络。2012 年 9 月 26 日，昆玉河铁路玉蒙段开通运营。2014 年 12 月 1 日，昆玉河铁路蒙河段开通运营，并与昆玉铁路接轨，昆玉河实现全线通车。2016 年 12 月 28 日，昆玉城际铁路开通运营，昆玉河铁路昆玉段由昆玉铁路变更为昆玉城际铁路。越南方面，其与河口接壤的老街—河内—海防铁路目前仍是米轨，该铁路是 20 世纪 10 年代法国殖民时期主导修建的滇越铁路（昆明—海防）的一部分，至今运行超过 100 年。2015 年 11 月 5 日至 6 日，习近平对越南进行国事访问，双方确定将加紧制订老街—河内—海防标准轨铁路线路规划。2019 年 11 月，中国铁路第五勘察设计院集团完成对该线建设的初步研究，线路从老街开始，向延白、普度、永福、河内、洪延和海东方向延伸，最后到达海防的拉赫会延港。路线全长 392 公里，设有 38 个车站，并将取代现有法国殖民时期修建的米轨老街—河内—海防线。该项目包括一条 5.6 公里长的跨境铁路线，将老街与云南省河口铁路连接起来（铁道网，2019）。

此外，云南方向的中缅铁路（泛亚铁路西线）从昆明出发经瑞丽口岸出境直达皎漂港，以及中缅南亚铁路经保山出境通往孟加拉国和印度，相关情况参见本书中有关中缅经济走廊及孟中印缅经济走廊的论述。

2. 广西方向

与高速公路类似，广西的国际铁路通道主要对接越南铁路网，并由此通向中南半岛相关国家。目前，广西已经形成东中西三个方向的跨境铁路通道，走向与高速公路通道基本一致。

南宁—钦州—防城港—东兴线即东线通道，通过东兴口岸出境入越南连接河内、海防等地。连接南宁、钦州及防城港的南钦高铁和钦防高铁都属于广西沿海高铁的组成部分，于 2009 年动工建设，2013 年正式通车。从防城港到东兴的防东铁路线路全长 46.9 公里，设计速度 200 公里/小时，于 2018 年开工，2021 年年底完工。

南宁—凭祥线即中线通道，通过凭祥友谊关口岸出境入越南直达河内。南凭铁路起于南宁，经崇左、凭祥到达友谊关与越南铁路相接。南宁至凭祥段 1953 年开始运营，凭祥至友谊关 14 公里于 1954 年完工，1955 年开始办理中越联运，1978 年停运，1996 年恢复。目前，从南宁到崇左的南崇高铁已于 2022 年建成通车。截至 2023 年 12 月 30 日，该线路延伸至凭祥的崇凭铁路项目全线路基、桥梁和隧道工程均已完成 90% 以上。同时，湘桂铁路南宁至凭祥段扩能改造也已提上日程。

南宁—百色线即西线通道，经百色市靖西市的龙邦口岸出境入越南。2012 年 12 月 30 日，德保至靖西铁路开通运营，并与 2010 年 7 月开通的田德铁路连接，在田东站联通南昆铁路线，从而联通了南宁至靖西的铁路。目前，从靖西到龙邦口岸的铁路尚处于规划研究阶段。

3. 中泰铁路合作项目

中泰铁路是中泰两国推进"一带一路"建设、开展产能合作的旗舰项目，是泛亚铁路重要组成部分。线路全长 845 公里，一期工程曼谷—呵叻段长度 253.2 公里，采用 EPC 模式开展合作，线下土建工程施工由泰国企业实施，轨道、四电系统和车辆（动车组）由中国国家铁路集团有限公司所属的中国铁路国际有限公司牵头中方企业实施。

2017 年 9 月 4 日，在厦门金砖国家峰会期间，在中国国家主席习近平和时任泰国国家总理巴育的见证下，中国国家铁路集团有限公司所属的中国铁路国际有限公司和所属铁路设计集团公司与泰国铁路局签署了一期（曼谷—呵叻段）土建工程设计合同和咨询监理合同。2017 年 12 月 21 日，一期工程先行段正式开工建设。2020 年 10 月，双方又正式签署中泰铁路一期曼谷至呵叻段线上工程合同 2.3（包括轨道、四电、动车组及培训）。

（三）航空领域

1. 云南方向

随着"一带一路"建设深入推进，云南省抢抓重大机遇，扩大对外开放，加快推进口岸机场建设，取得显著成效。昆明长水国际机场成为全省最大、辐射能力最强的航空口岸；德宏芒市机场航空口岸作用愈发凸显；丽江机场现已成为省内第二大国际空港；西双版纳机场被誉为"中国支线机场的一面旗帜"。截至 2020 年，云南共运营民用运输机场 15 个，开通客货运航线 666 条，国内外通航城市 169 个，累计开通南亚东南亚客货运航线 55 条，通航城市 33 个，居全国第一，基本实现南亚东南亚首都航线全覆盖（云南省发展和改革委员会，2021）。

昆明长水国际机场是我国面向东南亚、南亚等的国家门户枢纽机场。自 2012 年转场运营以来，长水国际机场在各相关单位大力支持下，国际航空市场稳步发展，并成为全国第四家开通国际国内通程航班业务的机场，先后获得了 72 小时过境免签、境外旅客购物离境退税、进境水果指定口岸等资质，机场口岸功能持续提升和完善。根据规划，到 2030 年，昆明国际航空枢纽将建成 5 条跑道、2 个航

站楼、2 个卫星厅，国际航线超过 200 条，国际和地区通航城市超过
100 个。

2016 年 5 月，德宏芒市机场跑道延长项目及附属设施建设工程
开工建设。2016 年 8 月，德宏芒市机场正式获批国家航空口岸。
2018 年 11 月德宏芒市机场航空口岸对外开放成功通过国家验收，
2019 年 1 月芒市至曼德勒国际航班开通。

2012 年 5 月 31 日，丽江机场正式投入运行。丽江航空口岸自开
放以来，先后开通了丽江至香港、台北、高雄、新加坡、首尔、曼
谷、吉隆坡 7 条地区和国际航线。目前，丽江航空口岸现已成为云
南省仅次于昆明长水国际机场的第二大国际空港，成为云南第二家
开通国际航空货运的国际空港。

地处中缅、中老边境的西双版纳机场于 1987 年动工兴建，1990
年正式通航投入运营，1997 年 1 月 1 日被国务院批准为国际口岸机
场。目前通航城市有昆明、丽江、大理、北海、成都、重庆、上海、
广州、北京、香格里拉、曼谷、清迈、琅勃拉邦等（胡晓蓉，
2021）。

2. 广西方向

广西在南宁、桂林、柳州、百色、河池、北海和梧州等地运营
多个民用机场，其中南宁吴圩国际机场、桂林两江国际机场和福成
机场为航空口岸机场。截至 2018 年 6 月底，广西已开通覆盖东盟 10
国 22 个通航城市的航线航班，东盟航线数量达 28 条，以东盟为主
的"一带一路"国际航空大通道初步成型（胡铁军，2018）。2019
年南宁机场已实现与东盟国家首都全部通航，通航点数量居中国各
城市第四位，东盟航线旅客吞吐量突破百万人次。2021 年 5 月 12

日，一架由中国邮政航空执飞的 B757-200F 全货机从广西南宁机场飞往泰国曼谷，标志着南宁—曼谷全货机航线正式开通。该航线也是南宁机场第二条东盟全货机航线、第三条国际全货机航线。

（四）水运领域

1. 澜沧江—湄公河水运通道

澜沧江—湄公河全长 4 880 公里，是东南亚的第一长河，它发源于中国青海省唐古拉山脉，流经缅甸、老挝、泰国、柬埔寨等国，最终在越南西贡注入南海。以南腊河口为界，以上称澜沧江，以下称湄公河。澜沧江—湄公河国际航运的发展始于 20 世纪 90 年代初。中国、老挝、缅甸、泰国 4 国于 1993 年共同组织澜沧江—湄公河航运联合考察，2000 年签订了《中老缅泰澜沧江—湄公河商船通航协定》，2001 年 6 月，澜沧江—湄公河国际航运正式通航。经过近 30 年发展，航线开通以来，4 国先后对国际航运部分航道进行了整治和改善，从 2002 年开始至今，主要由中国政府出资并联合其他 3 国对该航段的航道进行建设升级。目前，中国思茅至中老缅 244 号界碑为五级航道标准，中老缅 244 号界碑至老挝会晒是六级航道标准，会晒至琅勃拉邦未整治，具体情况如表 4-1 所示（李睿 等，2019）。

表 4-1　中国思茅至老挝琅勃拉邦河段航道基本情况

河段名称	航道里程/公里	航道等级	通航船舶吨级	航道尺度/米	备注
思茅港南得坝—景洪港	188	V 级	300 吨船舶	2.0×40×300	中国内河
景洪港—中缅 243 号界碑	71	V 级	300 吨船舶	2.0×40×300	

表4-1（续）

河段名称	航道里程/公里	航道等级	通航船舶吨级	航道尺度/米	备注
中缅 243 号界碑—中老 244 号界碑	31	V 级	300 吨船舶	2.0×40×300	中缅界河
中老缅 244 号界碑—老挝会晒	300	VI 级	300 吨船舶	1.2×30×180	老缅、老泰界河
老挝会晒—琅勃拉邦	300	未整治，有部分简易助航标志，枯水期宽浅河段只能通航 60 吨的船舶			老挝内河
合计	890	—			—

注：具体数据由中国云南省航务管理局提供。

目前，中、老、缅、泰4国对外开放的港口码头共有14个。其中，中国有思茅、景洪、勐罕和关累4个港口码头；老挝有班赛、班相果、孟莫、班昆、会晒和琅勃拉邦6个港口码头；缅甸有万景和万崩2个港口码头；泰国有清盛（新）和清孔2个港口码头。14个港口通过能力及吞吐规模较小，除中国的关累港、景洪港以及泰国的清盛港基础设施条件相对较好外，其余港口泊位基础设施条件相对较差。

2018 年 6 月 13 日，澜湄国家互联互通联合工作组第三次司局级会议在云南昆明召开，各方就澜湄国家互联互通早期收获项目清单、建立实施重点项目的金融支持框架、澜湄国家互联互通合作规划纲要、规划编制工作计划等进行了磋商，达成多项共识。2020 年 8 月 24 日，澜湄合作第三次领导人会议通过视频召开，会议发布的《万象宣言》表示，制订澜湄国家互联互通合作规划，与《东盟互联互通总体规划 2025》互为补充。

2. 中越红河水运通道

红河纵贯滇西南，南至越南北部最大的港口城市海防而入海，

115

是云南省乃至中国西南至太平洋的最近水路。1910 年之前，中国西南的进出口贸易几乎完全是通过红河航运实现的。1910 年滇越铁路开通后，红河商运日渐减少。后因铁路、公路口岸开通、两国关系变动等多种原因，红河水运一度下降至零点。1991 年中越两国关系正常化后，红河水运量日渐增加。2011 年 5 月《国务院关于支持云南省加快建设面向西南开放重要桥头堡的意见》明确支持推进中越红河航运复航。

为推动红河界河航运开发，云南省、州交通运输部门从 2008 年起先后 4 次对红河界河段、越南境内航道进行丰水期、枯水期考察，并形成航道考察情况报告。中越红河界河航运综合开发项目全长 61 公里，建设内容主要为按 V 级航道标准整治、港口等附属设施，估算总投资约 12 亿元。项目工程可行性研究报告（初稿）已编制完成，并上报待评审（红河州交通运输局，2018）。《云南省国民经济和社会发展第十四个五年规划和二〇三五年远景目标纲要》明确提出推动红河航道基础设施建设。

3. 广西北部湾海运

北部湾港位于中国广西壮族自治区南部北部湾，是中国沿海主要港口之一，包括防城港、钦州港、北海港三个部分。北部湾港北靠渝、云、贵，东邻粤、琼、港、澳，西接越南，南濒海南岛，地处华南经济圈、西南经济圈与东盟经济圈的接合部，是我国内陆腹地进入中南半岛东盟国家最便捷的出海门户。2019 年，国家发展改革委印发《西部陆海新通道总体规划》，指出要提升北部湾港在全国沿海港口布局中的地位，打造西部陆海新通道国际门户。钦州港重点发展集装箱运输，防城港重点发展大宗散货和冷链集装箱运输，北海港重点发展国际邮轮、商贸和清洁型物资运输。广西北部湾海铁联运班列从 2017 年的不到 180 列增加到 2020 年的 4 607 列，增长近 25 倍。北部湾港航运服务网络不断织密，目前北部湾港已开通 52 条集装箱航线，实现与世界 100 多个国家和地区的 200 多个港口通航。2020 年北部湾港集装箱吞吐量达 505 万标箱，圆满完成国家《西部陆海新通道总体规划》明确的 500 万标箱阶段性目标，成功迈进全国沿海港口前十行列（广西发展改革委，2021）。

（五）能源领域

1. 油气管道方面

中缅油气管道是共建"一带一路"倡议在缅甸实施的先导项目，于 2004 年提出。中缅油气管道境外和境内段分别于 2010 年 6 月 3 日和 9 月 10 日正式开工建设。中缅原油管道起点为缅甸西海岸马德岛，缅甸境内管道全长 771 公里，一期工程输油量 1 300 万吨/年，二期增加到 2 200 万吨/年。中缅天然气管道起点为西海岸兰里岛，与原油管道并行敷设，缅甸境内管道全长 793 公里。一期工程输气量为 52 亿立方米/年，二期工程增加到 120 亿立方米/年。该项目克服了途经地区地形复杂、生态多样、社会依托较弱、当地物资采购和人力资源受限等困难，实现了通气通油。2013 年 7 月，中缅天然气管道正式通气，2017 年 4 月，中缅原油管道工程开始投运，并且持续实现了零事故、零污染、零职业伤害、零社会安全事件的总体目标。项目不仅开辟了缅油气进出口的新通道，也为缅南部丰富的天然气资源和进口的原油送往中部、北部等主要消费市场提供了渠道，服务和带动了民生发展和经济增长（周太东 等，2019）。具体情况参见本书中有关中缅经济走廊的论述。

2. 电力网络方面

近年来，中国与中南半岛老挝、越南、缅甸等国在电网联网、电力输送和电力运营等领域的合作不断加强。中国南方电网公司服务区具有独特地缘优势和区位优势。2004 年 9 月，中越联网第一条 110 千伏云南河口—越南老街线投运，中国南方电网公司成为我国第一个"走出去"的电网企业。作为国务院确定的大湄公河次区域电力合作中方执行单位，中国南方电网公司不断加强与周边国家电网互联互通，持续深化国际电力交流合作，目前已实现与越南、老挝、缅甸电网的互联互通。截至 2020 年年底，公司累计向越南送电 394.6 亿千瓦时，向老挝送电 11.5 亿千瓦时，向缅甸购电 5.4 亿千瓦时，对缅甸送电 15.4 亿千瓦时（中国南方电网，2021）。2021 年 3 月 11 日，由中国南方电网公司与老挝国家电力公司共同出资组建的老挝国家输电网公司（EDL-T），正式与老挝政府签署特许经营权协议。在老挝政府的监管下，老挝国家输电网公司将作为老挝国家电网运营商，负责投资、建设、运营老挝 230 千伏及以上电网和与周边国家跨境联网项目。

此外，中国还积极参与中南半岛国家电力基础设施建设合作。据中国机电产品进出口商会统计，2020 年中国企业签约老挝电力项目 11 个，项目金额 21.4 亿美元。老挝是我国第五大境外电力项目签约市场，占 2020 年中国企业境外新签电力项目总额的 4.9%。根据老挝电力发展规划，未来将不断吸引外商投资，已签订的协议将有 6-18 吉瓦（GW）电力出口到邻国。目前老挝已经成为东盟地区最大的电力出口国。水力发电是老挝传统的发电方式，火力发电主要弥补旱季电力供应不足的情况，近年来太阳能光伏发电发展较快。

我国企业对老挝市场前景乐观，深度参与老挝电力市场建设前景可期（中国机电产品进出口商会，2021）。

（六）信息领域

根据中国信通院发布的《中国国际光缆互联互通白皮书（2018年）》，中国与老挝、缅甸和越南均实现跨境陆缆互联。中国电信、中国联通、中国移动运营中越跨境光缆系统，边境站设在凭祥、东兴；中国电信、中国联通运营中缅跨境光缆系统，边境站设在瑞丽；中国电信、中国联通运营中老跨境光缆系统，边境站设在勐腊。目前，三家运营商（中国移动、中国联通、中国电信）均在昆明设立区域性国际通信出入口局，建成国际光缆 13 条，总带宽达 1.03 兆比特每秒（Tbps）。中国联通已在南宁建成面向东盟国家的区域性国际通信出入口，亚欧 5 号、亚太直达、亚非欧 1 号 3 条国际通信海缆已全部建成投入使用。

云南省委、省政府 2020 年印发的《云南省推进新型基础设施建设实施方案（2020—2022 年）》提出，推动昆明国际通信出入口局从语音、数据专线和互联网转接业务向全业务拓展，推动昆明、德宏等州（市）建设国际互联网数据专用通道。到 2022 年，昆明国际通信出入口局汇聚能力进一步增强，区域性国际通信枢纽初具规模。此外，广西 2021 年 5 月发布的《广西"双千兆"网络协同发展行动计划（2021—2023 年）》提出，到 2023 年，中国-东盟信息港国际通信枢纽与信息大通道全面建成，跨境光缆传输系统容量达到 5T，聚集、辐射和带动作用凸显。

三、中国-中南半岛经济走廊互联互通建设的风险 与挑战

（一）走廊沿线国家发展不平衡

一是中国与中南半岛国家的经济规模差距大。2010 年，中国的 GDP 规模超过日本，中国跃居世界第二大经济体；2020 年中国的 GDP 达到 14.7 万亿美元，且首次突破 100 万亿元人民币。而越南、老挝、柬埔寨、缅甸、泰国、马来西亚和新加坡 7 国的 GDP 总和约为 1.6 万亿美元，相当于中国广东省的经济规模。

二是中南半岛国家之间发展差异也较大。新加坡是全球最富裕的国家之一，以稳定的政局、廉洁高效的政府而著称，也是亚洲最重要的金融、服务和航运中心之一。泰国和马来西亚位列"亚洲四小虎"，经济实力仅次于"亚洲四小龙"，已发展成为中高收入经济体。近年来，越南经济发展速度较快，成为地区经济发展亮点。相比而言，缅甸、柬埔寨以及老挝的经济发展则比较滞后，有的甚至处于世界最不发达国家序列。

经济走廊沿线国家经济发展水平差异，包括规模差距、结构差异等，可能给互联互通建设带来诸多挑战。一是各国对互联互通设施的需求不同，二是各国对互联互通建设的承载能力和支持力度不同，三是互联互通设施对各国的应用价值和带动效应不同。这些问题会严重影响相关国家对互联互通建设的积极性和对外经济合作政策。

（二）中南半岛部分国家政局不稳

国家政局的稳定对其经济合作政策的延续具有重要影响，尤其是非正常的政权更迭可能带来较大的政治风险和国际交往政策转向，为经济走廊互联互通建设带来不可预测的挑战。长期以来，缅甸的政局波动较大，民选政府与缅甸国防军的政权争夺十分激烈。2021年2月1日，缅甸军方宣布成立国家管理委员会全面接管国家权力，引发国内持续的示威和抗议活动，其影响一直持续至今。

（三）中南半岛部分国家对华存在疑虑

良好的合作通常建立在坚实的互信基础之上，基础设施的连通对接离不开战略上的信任。面对中国经济实力的不断增强以及中国在国际舞台上分量的增加，中南半岛国家的心态比较微妙。一方面，中国与中南半岛是近邻，有的国家期待搭上中国高速发展的顺风车，通过加强互联互通强化经济合作，推动本国及地区经济发展壮大；另一方面，有的国家担心过分依赖中国会被束缚或制约。值得注意的是，中国与个别中南半岛国家存在领土纠纷，这也在一定程度上形成了信任间隙，导致这些国家的少部分民众对中国和平崛起和实施共建"一带一路"倡议所要达成的目标产生疑虑。此外，近年来在中国企业"走出去"的过程中，少部分企业没有很好地履行社会责任，或者对相关国家的法律法规和风俗习惯没有很好地遵循，也在一定程度上影响了中国的对外形象。这些问题都不利于中国与中南半岛国家之间建立紧密的互信关系，不排除会对双方的互联互通建设造成负面影响。

（四）域外国家的地缘政治干预

由于中南半岛在地理位置上的特殊战略地位，这一地区一直是美国、日本、印度等国家高度关注和投入资源的对象。其中，美国与中南半岛国家的关系可以分为三类。第一类是盟友或安全伙伴，包括泰国和新加坡。泰国是美国的安全盟友，享有"非北约主要盟国"地位。美国长期以来都是新加坡最大的服务贸易伙伴和外资投资国，新加坡也将自己看作美国在东南亚地区的主要盟友。第二类是加强联合或大力拉拢的对象，包括马来西亚和越南。马来西亚并非美国在东南亚地区的传统盟友，但双方经贸和安全合作频密。美越2013年确定为全面伙伴关系，2023年9月，上升为全面战略伙伴关系，此后双方经贸投资合作关系发展较快。第三类是持续接触、夯实基础的对象，包括缅甸、柬埔寨和老挝。目前，地缘政治对抗使国家安全概念极度泛化，美国推出"印太战略"后，其选择东南亚地区的盟友和伙伴国的主要标准是相关国家与中国的友好程度。

此外，日本长期以来花钱出力，积极谋求介入中南半岛相关事务。1991年，日本就在政府开发援助（ODA）中专设"湄公河次区域开发"项目；2007年，日本公布《日本-湄公河地区伙伴关系计划》；2009年，首届"日湄峰会"召开。日本介入湄公河地区合作的战略意图一贯清晰明确，即确保日本经济利益并在政治经济关系中发挥主导作用，在全面加强日本影响力的同时，牵制中国在该地区影响力的提升（常思纯，2018）。

20世纪90年代以来，印度就通过所谓的"东向政策"加强与中南半岛地区的合作，致力于扩大自身的经济与战略利益。"东向政策"从最初阶段注重经贸关系，逐渐发展到航道维护、反恐行动等安全合作，并进一步延伸到公路等基础设施的互联互通，并且相关合作呈现出机制化的特点。2014年11月，印度总理莫迪在第12届东盟-印度峰会上表示，将把"东向政策"提升为东向行动政策。印度方面持续推动印度—泰国—缅甸三边公路以及扩展到老挝和柬埔寨的新公路项目，以及发展印度—湄公河经济走廊（MIEC），与东南亚各国的全方位互联互通将是印度东向行动政策的重要特点（谢静，2018）。

当前，美、日、印、澳所谓的"四国安全对话"机制已经成型，表面上是要维护"印太"地区的稳定与繁荣，实则针对中国的意图十分明显。不排除美日印在"印太战略"及"四国安全对话"机制中的战略联动，对中国-中南半岛经济走廊的互联互通形成或明或暗的阻碍。

（五）非传统安全威胁日益凸显

中南半岛各国的地理环境和历史文化错综复杂、经济社会发展不均衡，这为恐怖主义在中南半岛的酝酿和发生提供了土壤。中南半岛各国面临的恐怖主义威胁，不仅给地区发展带来了不稳定的因素，也威胁到中国-中南半岛经济走廊互联互通建设安全。根据GTD数据库的信息，2000—2016年中南半岛共发生了3 721起恐怖袭击事件。从泰国和缅甸的情况分析，主要采用的袭击方式为爆炸和武装袭击，遭受恐怖袭击的主要是警察、军队等武装部门和平民、商业设施等能够引起社会重大恐慌的目标（郝蒙蒙 等，2018）。

（六）技术障碍

目前，我国在中国-中南半岛经济走廊互联互通建设上的建设重心与东盟的《东盟互联互通总体规划》确定的重要线路还存在不小的偏差，未能实现完全的或者较高水平的对接。比如，对泛亚铁路，中国和东盟规划的路线不尽相同，南宁-新加坡经济走廊也未被列入《东盟互联互通总体规划》。同时，由于历史原因，中南半岛各国的公路和铁路网自成体系，道路、桥梁、电网等技术标准各不相同，与中国标准也有差异，建设流程更不能完全兼容，比如，昆曼公路建成通车后仍存在"通而不畅"的问题。这些技术问题也成为制约中国-中南半岛经济走廊加速通关便利化的重要障碍（卢伟 等，2017）。

四、中国-中南半岛经济走廊互联互通建设的对策与建议

（一）构建更加强劲的区域伙伴关系

一是进一步打造区域命运共同体。战略互信、发展共享是推动跨境互联互通建设的基本前提。作为中国-东盟关系框架的重要组成部分，中国-中南半岛经济走廊互联互通建设的规划衔接和政策沟通应置于"中国-东盟命运共同体"的视角下。2013年10月，习近平主席提出携手建设"中国-东盟命运共同体"的倡议。2020年11月，习近平主席在广西召开的第十七届中国-东盟博览会和中国-东

盟商务与投资峰会开幕式上表示，7 年来，双方互联互通不断加速，经济融合持续加深，经贸合作日益加快，人文交往更加密切，中国-东盟关系成为亚太区域合作中最为成功和最具活力的典范，成为推动构建人类命运共同体的生动例证。

二是发挥好现有多边和双边机制作用。当前，中国与中南半岛国家已经构建起多层次、多领域的机制化合作平台。在东盟层面，有中国与东盟"10+1"合作机制、中国-东盟自贸区、中国-东盟博览会等；在中南半岛区域层面，有澜沧江-湄公河合作机制，并且确定了政治安全、经济和可持续发展、社会人文三大支柱，以及互联互通、产能、跨境经济、水资源、农业和减贫五个优先合作方向，还有北部湾经济合作组织等；在双边层面，中国与越南在 2008 年建立全面战略伙伴关系、中国与老挝在 2009 年建立全面战略伙伴关系、中国与柬埔寨在 2010 年建立全面战略伙伴关系、中国与缅甸在 2011 年建立全面战略伙伴关系、中国与泰国在 2012 年建立全面战略伙伴关系、中国与马来西亚在 2013 年建立全面战略伙伴关系，中国与新加坡在 2015 年建立与时俱进的全方位合作伙伴关系。未来，要充分发挥这些合作机制和平台的作用，积极推进发展战略、规划和政策对接，深化务实合作，回应各方共同关切，协商解决中国-中南半岛经济走廊互联互通建设中存在的问题。

三是做实各层级沟通协作新平台。中国-中南半岛经济走廊互联互通建设在上述既有合作机制之外，还应探索建立更多层次、更有针对性的协作平台。2016 年 5 月，第九届泛北部湾经济合作论坛暨中国-中南半岛经济走廊发展论坛在广西南宁举行，这是依托既有合作平台首次举办高规格的聚焦中国-中南半岛经济走廊的论坛。2018 年

5月，第十届泛北部湾经济合作论坛暨第二届中国-中南半岛经济走廊发展论坛顺利举行，延续了对中国-中南半岛经济走廊的关注。但是，2020年10月举办的第十一届泛北部湾经济合作论坛则没有配套举办第三届中国-中南半岛经济走廊发展论坛，其中缘由未可知。

实际上，作为中国-中南半岛经济走廊建设最主要的两个省份，云南省和广西壮族自治区还分别以其他形式参与了相关区域合作。如云南省参与了"黄金四角"、湄公河流域可持续发展合作、东盟-湄公河流域开发合作、中国（云南）-泰国北部合作机制、云南-老挝北部合作工作组机制、中越五省市经济合作机制和中老、中越跨境经济合作等。广西壮族自治区则参与了"两廊一圈"与"北部湾经济合作圈"、中越（凭祥—同登）跨境经济合作和"一轴两翼"等。这些机制对调动地方积极性，推动中国和中南半岛各国展开全面的、突破性的、创新的、平等的合作具有不可替代的价值。

（二）探索更可持续的项目建设模式

一是合理规划项目。按照《落实中国-东盟战略伙伴关系联合宣言的行动计划（2021—2025）》，推进未来数年各领域合作；落实《中国-东盟关于"一带一路"倡议同〈东盟互联互通总体规划2025〉对接合作的联合声明》，尤其是要依托陆海新通道建设，加强中国-中南半岛经济走廊沿线铁路、公路、港口、机场、电力、通信等基础设施互联互通合作，加快推进现有经济走廊和重点项目建设，积极构建多式联运联盟。

二是拓展融资渠道。要解决中国-中南半岛经济走廊互联互通建设中部分国家资金实力不足的问题，应积极创新跨境项目投融资体系，广泛吸纳多种渠道、多种来源的资金，制定政策鼓励、引导多元主体投资互联互通项目建设，优化资金预算、提高使用效率。目前，规模为 400 亿美元和 1 000 亿元人民币的丝路基金已经成立 9 年多，在服务"一带一路"、促进互联互通方面取得重要进展。同时，由中国倡导、多国参与的亚洲基础设施投资银行自 2016 年成立以来也已支持了大量互联互通基础设施建设项目。中国-中南半岛经济走廊相关方面要更多争取这两个资金平台的支持，并加强与亚洲开发银行、世界银行、联合国开发署等机构的沟通协作，尽力弥补互联互通建设中的资金缺口。

三是树立良好企业形象。中资企业在参与中国-中南半岛经济走廊互联互通建设过程中，要在当地建立和谐的关系，妥善、平衡处理与有关政府部门和民众的关系；了解工会的权利及作用，依法妥善处理企业与工会的关系；提高依法保护环境的意识，严格遵照当地环保标准开展生产经营活动；在尊重当地文化和传统的基础上，充分有效利用当地人力资源，还要特别要注意当地的宗教习俗和文化禁忌。广大参建中资企业要对民族形象、企业声誉和品牌建设负责，为中国-中南半岛友好关系贡献正能量。

（三）形成更有保障的安全防范体系

一是加强安全协作。中南半岛地区各国经济社会发展水平参差不齐、整体安全形势复杂，对互联互通建设具有不利影响。面对中国-中南半岛经济走廊沿线突发性或周期性的传统或非传统安全危机，中国应大力推动及时召开磋商会议协同立场，通过会后发表的宣言或共识阐明相关安全威胁的性质、特点及应对举措。同时，中国在推动与中南半岛相关国家在安全领域的合作时可主动加大投入，利用好自身资金、技术和人力资源优势，积极提供国际安全公共产品，体现负责任大国担当，增加与中国开展各类安全合作的吸引力。

二是做好风险预警。基于不同安全风险的类型和特点，中国-中南半岛经济走廊沿线国家和相关企业要建立多层次风险研判和预警体系。国家层面，要通过多轨道并行的方式，采取专项会议、沟通平台、安全援助等办法，在既有多层次合作框架内制定安全风险对接机制，有效获取安全情报信息，及时对跨国互联互通建设面临的风险进行预判和提示。企业层面，其需要进行的风险识别工作则更为具体，包括进出口限制风险，项目投资涉及的东道国的规划、土地、征拆、劳务和管理等重大问题。

三是提升处置能力。针对中国-中南半岛经济走廊互联互通建设可能面临的政治风险、金融及债务风险、非传统安全风险、环境及生态风险、人文社会风险、法律法规风险等，国家和企业层面都要制订应对预案，并定期更新和演练，提升应对处置的能力和效率。当前，在澜湄合作机制下，中国-中南半岛经济走廊安全治理的法律支撑、预警、信息交流与边境管控等机制的建设已经取得初步成效，尤其是联合执法水平有所提升。下一步，各方应继续拓展安全范围，例如公共卫生、网络安全、跨境经济合作中涉及的人员安全、跨国犯罪预防、经济安全等（李志斐，2021）。

（四）全面推动相关标准和技术对接

全面提升中国标准的国际化水平，积极参与国际标准化治理。进一步优化和完善企业参与国际标准化活动渠道，推动构建政府引导、企业为主体、产学研联动的国际标准化工作新局面。以互利共赢为原则，在中国-中南半岛经济走廊互联互通建设中输出更多中国优质实践成果，在国际上赢得更多话语权。

共同加快以泛亚铁路、高等级公路、海上航运、航空线路、网络信息并举的骨干基础设施通道建设，优先推进关键节点项目建设，加强基础设施建设规划和技术标准体系的交流对接，逐步形成畅通便捷、快速高效的中国-中南半岛国际大通道。

共同推动投资贸易和人员往来便利化，推进"两国一检"等海关合作，以及检验检疫、认证认可、标准计量、统计信息等方面的双多边合作，促进要素资源充分有序流动。充分发挥沿边重点开发开放试验区、跨境经济合作区平台作用。依托广西、云南、海南沿边金融综合改革试验区建设，稳步推进跨境金融合作，促进投资便利化。

第五章　中国西部地区扩大面向孟
中印缅经济走廊的对外开放

从现状看，孟加拉国、印度和缅甸三国基础设施建设能力不足、国内资本不充裕、民族宗教冲突威胁长期存在、与我国政治互信程度有待提高，且在边境上长期与我国存在基础设施不联通、联而未通、通而低效等问题，因此阻碍了孟中印缅四国经济一体化发展，也无法形成连接我国西部、直达孟加拉湾的陆海大通道。针对以上问题，本书认为我国要在四国基础设施建设中发挥主导作用，通过加强各国政府间合作与安全合作，提供包括货币信贷，基础设施投资、建议、运营一揽子解决方案，形成统一制度，推进构建孟中印缅经济走廊陆海基础设施互联互通格局，加强经贸合作，扩大我国西部地区面向孟中印缅经济走廊的对外开放。

一、孟中印缅经济走廊建设的机遇与意义

（一）孟中印缅经济走廊建设的重大意义

六大经济走廊之一的孟中印缅经济走廊所涉及区域与我国西南地区山水相连，该走廊的建设发展对我国西南内陆地区构建沿"21世纪海上丝绸之路"推进南向、西向的对外开放和经济合作有极为

重要的影响。从现实来看，孟中印缅经济走廊所覆盖的孟加拉国、印度东北部和缅甸交通条件较差、基础设施联通状况不理想，严重抑制了该地区经济增长潜能。同时，由于该地区的基础设施薄弱，孟中印缅经济走廊无法成为连接我国西南地区至孟加拉湾出海口的物流大通道，迫使我国西南地区的货物均需向东南方向运输至广州港或广西钦州港出海，再绕经马六甲海峡进入印度洋，在大幅提高物流成本的同时也削弱了我国西南各省份的产业竞争力。提出孟中印缅经济走廊建设构想，就是要在全球经济形势发生重大变革的背景下，通过提升包括南亚、东南亚各国在内的欠发展地区基础设施投资密度，利用高铁、快铁、立体路网等现代交通工具重塑我国西部连接孟加拉湾直达印度洋的经济大通道，在动态平衡中使沿线各国都获得经济增长新动能。

（二）孟中印缅经济走廊建设的重要机遇

习近平总书记在推进"一带一路"建设工作5周年座谈会上表示，共建"一带一路"正在成为我国参与全球开放合作、改善全球经济治理体系、促进全球共同发展繁荣、推动构建人类命运共同体的中国方案（央视网，2018）。2013年5月，时任国务院总理李克强在访问印度期间正式提出推进孟中印缅经济走廊建设，得到孟加拉国、印度和缅甸3国的积极响应。2013年12月，孟中印缅四国联合工作组第一次会议经详细讨论得出，孟中印缅经济走廊应以交通干线和综合运输通道为发展主轴，以昆明、曼德勒、仰光、吉大港、加尔各答等城市和港口为主要节点，全面覆盖中国云南省、四川省等西南地区和缅甸、孟加拉国、印度西孟加拉邦及其东部和东北部地区，以推动构建促进次区域国家和地区经济发展的国际区域经济带。孟中印缅走廊连接中国西南部、印度东北部、缅甸和孟加拉国，集设施联通、经贸合作、国际交流于一体。设施联通方面，以国际交通物流大通道规划和建设为中心，促进辐射区域经济共同发展（姚遥，2018）。经贸合作方面，以跨境产能合作为中心，促进沿线区域的经济发展，促使各国实现国际产能合作，按照产业链价值分工规律，沿走廊构建空间布局科学、结构合理的跨国产业分工协作体系和产业发展集群；同时探索构建环孟加拉湾自由贸易区，促进各国商品、资本和劳动力等要素的国际流动。国际交流方面，以次区域国际合作为基础，形成多层次协商机制，共同维护地区和平、确保地区稳定、预防地区冲突，共同打击恐怖主义、毒品交易等，保护能源安全，实现共同发展。从孟中印缅经济走廊交通基础设施联通的视角看，该走廊内的主要节点城市有昆明、瑞丽、曼德勒、仰光、皎漂港、吉大港、达卡和加尔各答。从地理条件、历史线路和现有规划来看，该区域内重要的交通线路有：云南腾冲—缅甸密支那—印度雷多（史迪威公路旧线）、昆明—瑞丽—曼德勒—内比都—仰光、昆明—瑞丽—曼德勒—马奎—皎漂港、缅甸皎漂港—孟加拉国吉大港—达卡—印度加尔各答4条主要骨干通道。

二、孟中印缅经济走廊交通基础设施联通现状

（一）云南腾冲—缅甸密支那—印度雷多线交通设施联通现状

从设施联通尤其是交通基础设施联通现状看，孟中印缅经济走

廊次区域内的交通干道设施联通状况大多不甚理想。首先，在整个次区域内，中印之间历史上的交通通道主要是云南腾冲—缅甸密支那—缅甸勐拱—印度雷多线，即历史上赫赫有名的史迪威公路。史迪威公路于 1944 年修建，从印度雷多至缅甸密支那，经此分道形成缅甸八莫—缅甸南坎—中国畹町的南线和缅甸甘拜地—中国猴桥口岸—中国腾冲—中国龙陵的北线，南北两线最终都与滇缅公路相接，最早是第二次世界大战时中国军队在滇西和缅甸北部的军需物资运输通道，也称"抗日生命线"。但第二次世界大战后，随着印度和缅甸分别独立，史迪威公路年久失修、陷入瘫痪。虽然中印缅三国曾有过重启史迪威公路的想法，甚至早在 1998 年印度东北部一些邦就计划联合重建史迪威公路，但由于印度政府担心史迪威公路建成后可能加剧其东北部的分离主义活动，削弱政府对东北部的管控力度，该计划最终搁浅。而这种猜想几乎是印度对整个孟中印缅经济走廊建设的态度之一。从史迪威公路现状看，目前在中国境内的昆明—腾冲高速公路联通，铁路方面昆明至大理的高铁已经开通，但大瑞（大理—瑞丽）铁路正在修建当中，目前大理—保山段已于 2022 年 7 月建成通车。跨境公路方面，2007 年 4 月，中国腾冲猴桥口岸至缅甸密支那 100 多公里的二级公路通车；两地之间目前尚无铁路建设规划。目前史迪威公路西段，即从印度雷多延伸至印缅边境的 59 公里处于严重失修状态，地质灾害不断，已不能通行任何车辆。而从密支那至印缅边境的 200 多公里穿越克钦邦的高山峡谷地带，仅有一条路长久失修，该路是由石子铺成的低等级公路，地质灾害时有发生，道路时断时通。

此外，中印之间尚无可联通的铁路设施。总体而言，在孟中印缅经济走廊次区域内，中印之间陆上交通设施联通状况较差，几乎处于"联而不通"或"不联通"的状态。虽然中印贸易额近年来不断攀升，2022年更是创历史纪录突破了1300亿美元大关，但双方贸易和物流往来几乎都是从孟买、加尔各答等港口经印度洋穿越马六甲海峡后至中国南海到达中国东部沿海地区港口。中印两国间海上通道目前联通且顺畅，但穿越由新加坡和美国共管的马六甲海峡一直是个潜在风险。

（二）中缅"人字形"通道陆海交通设施互联互通现状

中缅"人字形"走廊是指联通昆明—瑞丽—曼德勒—内比都—仰光、昆明—瑞丽—曼德勒—马奎—皎漂港的两条交通线路，由于两条线路均经过瑞丽—曼德勒，在曼德勒分道后一条继续向南延伸经缅甸首都内比都直至仰光，另一条向西延伸经马奎至皎漂港，在地图上看两条线路呈"人"字形。中缅两国的交通设施联通状况在整个孟中印缅经济走廊区域内相对较好。

公路方面，在云南省规划的15条出境高速公路中，面向缅甸的有9条，目前经瑞丽出境的中缅通道已经开通。现开通的中缅通道由瑞丽—曼德勒—仰光在原中缅公路基础上改建。这条路在历史上也被称为"滇缅公路"，修建于1937年12月，竣工于1938年8月，东起昆明，穿越大理、瑞丽等县市，经畹町出境与通往仰光的公路相连，成为一条直通孟加拉湾的出海交通线。当前，经过历次返修的滇缅公路仍然是连接中国与南亚、东南亚地区的重要通道，也是共建"一带一路"倡议框架下，孟中印缅走廊中最重要的通道之一。

目前，中国瑞丽口岸至缅甸木姐口岸畅通，中缅公路云南省境内昆明—大理—瑞丽和缅甸境内木姐—曼德勒—内比都—仰光的二级公路畅通，两国公路设施实现了互联互通。

目前连接"人字形"西线自曼德勒经马奎至皎漂港的是一条三级公路，等级较低，无法满足将来从皎漂港至木姐口岸的大件运输。根据云南省制定的到 2030 年的交通规划，跨境公路的西线为中国昆明—瑞丽—缅甸腊戍—曼德勒（原滇缅公路），将连接通往皎漂港的主干线，全长 1 904 公里的滇缅公路昆明至皎漂段已于 2010 年正式开建，其中我国昆明至瑞丽段 726 公里已建成通车；境外段长 1 180 公里左右，总投资规模约 390 亿元人民币。

铁路设施联通方面，中国与缅甸早在 2010 年就开始对接和商议皎漂—昆明铁路工程项目。中国中铁工程建设公司于 2011 年 4 月和 5 月与缅甸铁道运输部签署了《关于木姐—皎漂铁路运输系统项目的谅解备忘录》和《关于木姐—皎漂铁路运输系统项目谅解备忘录补充约定》，约定由中国中铁以 BOT 方式实施木姐至皎漂运输系统项目建设（中华人民共和国商务部，2011）。从设计思路来看，该项目起于缅甸若开邦皎漂深水港，从西南向东北贯穿缅甸中北部，经由云南瑞丽进入中国，直通昆明，是中缅共同实施的皎漂—瑞丽通道计划的一部分，工程难度小、可行性高。铁路贯通后，将成为中国西部海外物流大通道，对中国西部地区融入全球供应链有极为重要的作用。但本该在 2014 年动工建设的中缅铁路受日本等外部势力和缅甸国内相关组织干扰，至今仍未启动。资料显示，日本在 2014 年 3 月末宣布：无偿援助缅甸 78 亿日元（约合人民币 4.72 亿元）帮助修建铁路等设施。访问缅甸的日本时任外务大臣岸田文雄称：

"缅甸是连接东盟各国和南亚地区，有着战略性位置的国家。"2014年5月，时任缅甸铁路运输部长吴丹贴对媒体说，昆明—皎漂铁路项目，如未取得民众同意，将不会实施（Maierbrugger，2014）。截至2017年年底，缅甸境内公路总里程为22.21万公里（按我国标准，主要是二、三、四级国道、省道、县道标准，高速公路极少），铁路交通总里程5 800多公里（主要是英标的窄轨铁路，车速缓慢）。缅甸交通基础设施建设不足在一定程度上抑制了其经济增长的潜能，也无法满足进一步工业化和城镇化的需求。

自2017年以来，中缅经济走廊建设在两国政府层面有了重要的进展。2017年11月，中国外交部部长王毅在访问缅甸时就表示，中方愿同缅国共同探讨建设"人字形"中缅经济走廊，共同打造三足鼎立的大合作格局。缅方也表示，中方提出中缅经济走廊倡议在许多地方契合缅国发展规划，缅甸面临交通、电力落后的问题，希望优先在上述领域通过中缅经济走廊建设同中方开展合作（新华网，2017）。"人字形"走廊是指北起我国云南省，南至缅甸曼德勒后分线，一条线通往西向的皎漂经济特区，另一条线南向通往仰光港，整个中缅经济走廊呈"人字形"线路形态。2018年9月，为贯彻落实中缅两国领导人就共建中缅经济走廊达成的重要共识，国家发展改革委和缅甸计划与财政部在北京共同主持召开中缅经济走廊联合委员会第一次会议，双方就中缅经济走廊合作理念及原则、联委会工作机制、早期收获项目、合作规划，以及推进重大合作项目等问题进行了深入磋商，达成了广泛共识。双方同意成立发展规划、产能与投资、交通、能源、农业、边境经济合作区、数字丝绸之路、生态环境、旅游、金融、信息，以及地方合作12个重点合作领域专项工作组（发展改革委员会网站，2018）。2018 年 10 月 22 日，中缅双方签署了木姐—曼德勒铁路项目可行性研究备忘录。在地方层面，云南省政府 2016 年出台《云南省中长期及"十三五"铁路网规划》，其中包括中缅印铁路通道和中缅铁路双通道这几条涉及孟中印缅经济走廊的出境铁路。2017 年 9 月，中缅铁路云南省境内广通—大理段完成铺轨，为下一步延伸至缅甸境内做好了准备。

港口建设方面，2018 年 11 月 8 日，中缅签署了皎漂港框架性协议，双方将投资 13 亿美元用于项目一期建设。2015 年 12 月 30 日，由中国中信集团、中国招商局集团、中国港湾工程有限责任公司、中国天津泰达、中国云南建工以及泰国正大集团组成的中信联合体中标皎漂经济特区深水港和工业区项目。但此后，该项目的推进一直处于事实上的停滞状态，究其原因，在于中缅双方在深水港的诸多出资和股权占比上一直未能达成一致。根据最初方案，中方承担项目建设所有经费，占股 85%；但当时若开邦当地政要和缅甸前政府均反对这一方案，希望增加缅甸持股的比例。据《缅甸时报》报道，在长达两年多的艰难谈判后，中信集团与缅甸政府就双方在皎漂港建设项目的股份占比达成共识，中方占 70%，剩下的 30% 股份占比将由缅甸政府及缅甸当地企业共同承担，同时缅方需承担整个项目中 11 亿美元的建设经费，分四期开发项目。近年来缅甸中部、北部和西北部的资源开发进程不断加快，未来几年包括木材、矿产品、石油天然气等大宗物资的出口量将急剧增长，其国内最大的仰光港已经不能满足对外贸易的需要和发展，且不具备扩容扩建的条件。缅甸急需建设 30 万吨级皎漂港深水码头，从而改善海运设施不足的情况，促进外贸发展和经济对外开放。皎漂港启动建设后，曼德勒—皎漂港公路、铁路交通网的建设将提上议事日程。皎漂港成为中转运输至孟加拉国吉大港和印度加尔各答港的重要枢纽。

（三）皎漂港—吉大港—达卡—加尔各答线交通设施互联互通现状

目前皎漂港（实兑港）—吉大港段尚无缅孟跨境公路和铁路联通，两个孟加拉湾的深水港主要依靠海运联通。在孟加拉国境内，吉大港—达卡段之间目前有一条高速公路通车，但由于货运量较大，该高速公路经常发生拥堵。此外，孟加拉国政府正在修建达卡—吉大港的客货两用铁路。该线路西段达卡—加尔各答的 245 公里跨境公路畅通，该通道也是孟加拉国与印度之间的主要陆路贸易通道，每天大量的客货车辆经孟加拉国 Benapol 口岸进出；此外，吉大港—加尔各答港的海运交通畅通。由于中孟两国不接壤，两国尚无任何陆路交通基础设施联通。但孟加拉国对共建"一带一路"倡议和孟中印缅经济走廊的建设响应积极。2016 年中孟两国达成共识，将在公路、铁路互联互通方面共同努力，并探讨了中国云南经缅甸若开邦至孟加拉国吉大港的交通廊道。2018 年 6 月，时任孟加拉国外长的阿里访华时表示，将与中国"推动务实合作，加快推进中缅孟交通大通道建设"。此外，中孟两国海上交通联通顺畅，经由吉大港至中国东南沿海各港口的物资往来是两国经贸的主要支撑方式。

三、孟中印缅经济走廊交通基础设施联通的风险与挑战

(一) 缺乏支撑交通基础设施投入建设的关键要素

中国有句俗语"要致富，先修路"，交通基础设施建设对经济增长有正向作用的结论已经被绝大多数学者所证明，但交通基础设施建设需要大量的资金、技术和人力等要素投入，而缅甸、孟加拉国甚至印度都无法支撑发展现代交通基础设施网络所需的巨额资金。虽然印度、孟加拉国近年来经济增长较快，但人口密度大、人均 GDP 低、财政压力大、政府负债能力弱仍然是其主要特征。基础设施投入不足一方面抑制了该地区经济的增长潜能，另一方面经济发展不足和严重的贫困问题反过来制约了基础设施建设的资金投入。第一，要把孟中印缅经济走廊各个国家间的陆路基础设施建设成为互联互通的交通网络，需要对几乎所有主干交通线路进行改建升级，并新建一批支线道路，全面提升原有交通网络的通行等级，但是孟加拉国、缅甸和印度东北部各邦财力有限，难以在国内筹集如此大规模的建设资金。例如，中缅铁路瑞丽—曼德勒—皎漂段全长 823 公里，按中国标准该段铁路需全部重建，根据测算所需资金超过 100 亿美元。第二，由于存在潜在分离主义的威胁，印度中央政府很难主动为东北部各邦投入大量资金以改善当地交通状况。第三，孟加拉国、缅甸、印度等国家主权信用评级不高，且基础设施建设投入大、回报周期长，很难在国际资本市场获得融资。第四，该区域内存在的非传统安全问题、腐败问题、排

华问题、民族宗教冲突和不够健全的营商环境也致使境外企业对该地区的投资回报和生产安全产生严重担忧，进入该市场的意愿较低。表5-1 为孟中印缅经济走廊相关地区 2022 年 GDP。

表 5-1　孟中印缅经济走廊相关地区 2022 年 GDP

国家	GDP/亿美元	增速/%
缅甸	594	-8.7
孟加拉国	4 602	7.1
中国	179 600	3
印度	33 900	6.7

数据来源：世界银行及中国国家统计局网站。

（二）印度对经济走廊建设仍有诸多疑虑

印度国内诸多团体至今仍然以地缘政治扩张的角度审视中国提出的共建"一带一路"倡议和孟中印缅经济走廊建设。他们认为，孟中印缅经济走廊在客观上会推进中国影响力向孟加拉国和印度东北部扩散，动摇印度中央政府在该地区的主导地位；两国间的政治互信不足，导致印度对孟中印缅经济走廊的态度总体上较为消极。具体体现在以下几方面。第一，中国自改革开放以来，随着经济实力的不断提升，对周边国家的影响力也不断增强，在"中国威胁论"等思想的影响下，印度虽然不断与中国增强经贸合作，但一直将中国视为潜在威胁和主要竞争对手。尤其是 2017 年"洞朗事件"和2020 年"加勒万河谷事件"后，中印关系急转直下，印度更加担心随着"史迪威公路"孟中印缅经济走廊项目的推进，中国在地缘政治上的影响力会不断向孟加拉湾地区和印度中央政府控制力较弱的东北部地区扩散，挤压印度在孟加拉湾地区的战略空间和主导地位。第二，印度方面认为，中国实施的印度洋战略以及向西南开放的"桥头堡"战略虽然以经济发展为主要目标，但背后可能隐藏地缘政治和战略意图，让其感到不安。第三，中国对印度、孟加拉国及缅甸三国都存在着较大贸易顺差，印度认为该通道的建设对中国是"单方面利好"，并有可能进一步扩大印度和孟缅两国对中国的贸易逆差，恶化本国贸易赤字，增大货币和债务风险。第四，孟中印缅经济走廊覆盖了印度中央政府控制力较弱的西孟加拉邦、锡金邦等分离主义较为严重的地区，印度认为外部势力的介入将进一步削弱印度中央政府对该地区的管控力度。

（三）民族宗教冲突对设施联通产生不利影响

首先，从目前在孟中印缅经济走廊区域内已规划的几条通道看，瑞丽—曼德勒—仰光，腾冲—密支那—班哨—雷多，以及瑞丽—曼德勒—达卡—加尔各答公路都要经过巴朗国家解放阵线、克钦独立军、果敢同盟军、北掸邦军和南掸邦军少数民族武装控制区等缅北民族冲突地区；而瑞丽—曼德勒—皎漂港除经过缅北地区外还要进入存在罗兴亚人问题的若开邦，该地区也是缅甸民族宗教冲突最严重的区域之一。2021 年 2 月缅甸出现政治动荡。时至今日，缅甸境内的武装冲突仍时有发生，可以预见，缅甸的民族和解将是一个胶着、反复和艰难的过程（付永丽，2018）。该地区武装冲突对交通基础设施建设带来了极大安全隐患。2017 年 8 月以来，若开邦遭受了罗兴亚救世军（ARSA）发动的若干起恐怖袭击，造成了大量的人员伤亡、城市损坏和财产损失；缅甸政府军在若开邦进行的针对 ARSA

的打击行动也让缅甸民族问题持续恶化（廖春勇 等，2017）。中缅经济走廊的关键枢纽皎漂港正位于若开邦，距离罗兴亚人聚居区较近，罗兴亚人危机未得到妥善解决前，ARSA 仍有可能对中缅经济走廊建设项目进行破坏，给项目工程人员带来实质性安全威胁。

（四）域外势力对项目建设推进进行干扰

日本、英国、美国等域外大国与当地部分政治人士和非政府公民组织关系密切，这些国家对孟中印缅经济走廊建设的顺利推进心存顾虑。他们认为，孟中印缅经济走廊交通基础设施的互联互通，势必影响新加坡和美国所控制的马六甲海峡的现实经济利益和地缘战略地位。孟中印缅经济走廊建设背景下，上述国家一定会以各种方式加大对当地政府、各党派和非政府组织的渗透和干预。一些西方国家媒体和 NGO 长期对孟中印缅经济走廊推进的合作项目肆意诋毁、抹黑中国企业的形象，煽动民众阻挠合作项目的推进，为孟中印缅经济走廊项目的推进制造极大障碍。

四、孟中印缅经济走廊互联互通建设的对策与建议

在发展基础、地理区位、资源禀赋等条件的制约下，中国西部地区迫切需要进一步拓展南向出海通道，缩短物流距离，降低运输成本。2018 年 6 月，包括云、贵、川、渝等多个中国西部内陆省份提出了南向开放战略，孟中印缅经济走廊项目的推进建设对西部省份的南向出海大通道建设有举足轻重的作用。区域内，缅甸和孟加

拉国两国对交通、电力等基础设施的需求非常迫切，同时也需要承接中国的产业转移，具有进一步加强与中国经贸合作的内在动力，搭上中国经济快速增长的"动车"是缅、孟两国实现经济快速增长的重要战略。中国加大与缅甸、孟加拉国和印度的交通基础设施联通，将加强中国西部地区与该地区的经济紧密度和依存度，共同实现地区经济增长。随着经济的快速发展，中国国内劳动力、土地、资金等多种要素成本上升，在低端产品的制造方面，中国逐渐失去了以往的优势，产业开始往信息技术、互联网、高端制造等知识密集型产业转型。同时，目前在华的低端制造产业正沿全球价值链分工，向劳动力、土地和原材料等要素成本更低的东南亚和南亚地区转移。孟中印缅经济走廊相关国家在此背景下与中国的产业形成了较好的互补，双方贸易额持续攀升。表 5-2 为孟中印缅经济走廊相关国家 2022 年的贸易数据。

表 5-2　孟中印缅经济走廊相关国家 2022 年贸易数据

国家	贸易额/亿美元	增幅/%
印度	1 359.8	8.4
缅甸	251.46	35.05
孟加拉国	277.9	10.7

数据来源：商务部和外交部网站。

加快推进与孟中印缅经济走廊相关区域交通基础设施互联互通需做好以下几个方面。

（一）加快交通基础设施建设，增强骨干项目示范作用

第一，要尽快率先推动中缅"人字形"经济走廊的通道建设。要加强中缅经济走廊与缅甸国内中长期发展规划中的经济走廊的对接，如缅甸现规划有仰光—勃固—内比都—曼德勒南北向走廊和皎漂—曼德勒—腊戍—木姐的东西向走廊。缅甸的这两条经济走廊与中缅"人字形"经济走廊在规划上几乎一致。要以外交部、发展改革委、商务部等主要相关部门为主建立中方工作组，在中缅双边合作机制框架下，与缅方相关部门一同组成"中缅经济走廊发展协调委员会"，进一步加紧细化"人字形"中缅经济走廊具体交通基础设施建设的项目规划，明确项目的建设原则、完成目标、合作方式和运营方式等，明确中缅各部门的职责、沟通机制和推进日程表。

第二，中缅要加快建设交通基础设施合作项目，逐步、逐段、逐期推动两国间公路、铁路的规划、建设、通行，并参照上海洋山港、宁波港、湛江港的建设方式，改造升级皎漂港和仰光港，早日实现海公、海铁和水陆等多式联运。当前，缅甸国内并非所有人对孟中印缅经济走廊互联互通项目持肯定和支持的态度，因此在整个中缅经济走廊建设规划中，应力争率先启动瑞丽—曼德勒国际公路和国际铁路这两项见效快、带动作用强的示范性工程。如中国和老挝共建的中老铁路、中国和埃塞俄比亚、吉布提共建的亚吉铁路（亚的斯亚贝巴—吉布提）、中国和肯尼亚共建的蒙内铁路（蒙巴萨—内罗毕）等"一带一路"示范性工程项目，这些项目为带动当地经济发展、凝聚人心起到了重要的示范作用。

第三，应推动沿中缅"人字形"经济走廊和孟加拉国的电力基础设施建设。缅甸和孟加拉国两国政府和人民急切希望能够解决当地电力短缺的问题，我国应利用在电力系统建设方面的技术和施工优势，与两国政府合作构建稳定、高效的区域电网。在推进交通和电力基础设施建设过程中，应当统筹协调，不能仅考虑短期回报，要服务整个孟中印缅经济走廊建设的长远利益和战略效益。

（二）加强项目建设资金筹措，提供一揽子金融解决方案

孟中印缅经济走廊交通基础设施的互联互通所需资金规模巨大，孟加拉国、印度和缅甸都无法提供足够的资金支持。一方面，中国要帮助缅甸、孟加拉国两国申请世界银行、亚洲开发银行、亚洲基础设施投资银行等机构的项目资金。例如，孟中印缅经济走廊互联互通项目符合亚洲开发银行"消除贫困，促进亚太地区的经济和社会发展"的宗旨。另一方面，虽然世界性金融组织能够提供资金支持和先进跨国项目管理经验，但世界性金融组织的审批流程较长，提供的资金不足以全部支撑整个孟中印缅经济走廊项目的建设，且易受域外大国的政治干扰，因此推动孟中印缅经济走廊建设的大部分资金还需自己解决，以科学、合理、各国均可接受的方式募集和引导各国资金投入互联互通项目就显得尤为重要。如缅甸、孟加拉国两国的资金较为短缺，两国企业可与中方企业联合以 BOT① 方式进行建设，中方企业可作为主要出资方。我国在设计孟中印缅经济

---

① BOT：build-operate-transfer，即建设—经营—转让。是私营企业参与基础设施建设，向社会提供公共服务的一种方式。

走廊基础设施的金融方案时，不能仅考虑经济回报而忽略了战略效益，要提供综合资金成本相对较低、期限较长，缅、孟两国可接受且不会陷入债务危机的一揽子金融方案；可成立孟中印缅经济走廊或中缅经济走廊等多边或双边的发展基金，为重点项目推进提供专项资金支持。

（三）加强各层级沟通，增强走廊沿线国家政治互信

国家间的政治互信不可能一蹴而就，各方都需要耐心、智慧，并秉持善意去推进、维护。在建设孟中印缅经济走廊，尤其是推进中缅经济走廊和中缅孟经济大通道建设时，要与利益相关方坦诚沟通、相互磋商，要协调好各方利益，关照各方关切，寻求最大公约数，最终形成参与各方都能理解、支持的建设方案，并以此为基础逐步增强政治互信。第一，中国应就在该走廊实施基础设施互联互通的目的、具体项目、规划线路与实施方式、项目实施后对各方的好处和利益与其他三国进行坦诚沟通，尤其要让三国清楚中国努力推动孟中印缅基础设施互联互通是为了扩大中国西部地区的对外开放，整合和推动区域经济发展。中国努力推动相关互联互通项目的实施的主要目的是促进经济和贸易发展，而非政治性或军事性的。第二，中方在推进走廊基础设施互联互通项目建设时，要加强沟通和宣传。第三，中方各类智库、研究机构、媒体也要与三国的智库、NGO、研究机构和媒体进行充分交流，使各方从理论和实践上形成基本共识，即孟中印缅经济走廊是"致富路""幸福路"，能够帮助该区域更多民众摆脱贫困，搭上收入增长的"快车"。

综上，孟中印缅经济走廊交通基础设施互联互通建设具有极为

良好的前景，对区域内各方都有巨大的好处；但由于四国对走廊建设的认知不同、国与国之间的政治互信有待加强，交通基础设施互联互通项目推进缓慢也是客观事实。因此，中国应该在充分理解其他三国的顾虑和诉求的基础上，与各方坦诚交流，提出合理方案，以更加开放、理性和包容的心态推进互联互通格局的形成，实现互利共赢。

第六章　中国西部地区面向中缅
经济走廊的对外开放

中缅两国山水相连，交往历史悠久，两国人民自古就以"胞波"相称，缅甸人民更是用"金银大道"形容两国友好邻邦关系。中缅经济走廊是"一带一路"孟中印缅经济走廊的重要组成部分，构建中缅命运共同体，加强中缅两国的设施联通、贸易畅通、资金融通、政策沟通和民心相通，对于我国实现"双向开放、东西互济"的战略构想有深刻意义。习近平主席于 2020 年 1 月 18 日在内比都与缅甸原国家领导人会面时谈道："这次我们决定共同构建中缅命运共同体，开启了双边关系的新时代。"中缅经济走廊建设是双方共建"一带一路"的重中之重。双方已经启动中缅经济走廊的实质建设，要尽快提高两国人民特别是缅甸民众的获得感（新华社，2020）。中缅经济走廊的建设及中缅陆海大通道的互联互通，对我国西部地区构建南向陆海新通道，降低物流成本，促进资源国内外交换，由开放末梢变开放前沿具有极为重要的作用。而从现状看，中缅经济走廊呈现出政策沟通不足，规划、立项、建设进程较慢，交通基础设施联通程度不高的总体特征，不仅阻碍了中缅命运共同体和经济一体化发展进程，也无法形成连接我国西南地区直达孟加拉湾的陆海大通道。针对以上问题，本书将在对中缅经济走廊规划起源、主要内容及推进现状进行详细梳理的基础上，采用定性加定量分析的方法，剖析推动中缅经济走廊建设所面临的挑战，有针对性地提出政策建议。

一、中缅经济走廊源起、规划内容及推进现状

（一）中缅经济走廊源起

2017 年 11 月 19 日，中国外交部长王毅在内比都与前缅甸政府领导人共同会见记者时表示，为巩固中缅全面战略合作伙伴关系、深化务实合作，中方愿根据缅甸国家发展规划和实际需要，与缅方共同探讨建设北起中国云南，经中缅边境南下至曼德勒，然后再分别向东西延伸到仰光新城和皎漂经济特区的"人字形"中缅经济走廊，形成三端支撑、三足鼎立的大合作格局。缅方领导人表示，中方提出中缅经济走廊倡议契合缅甸发展规划，缅方希望优先在交通、电力等领域通过中缅经济走廊建设同中方开展合作（新华网，2017）。2017 年 12 月，习近平主席在北京会见前缅甸政府领导人时表示，落实好双方达成的各项共识，积极探讨建设中缅经济走廊等新的合作增长点，推动中缅关系又好又快发展，更好造福两国人民（新华网，2017）。2020 年 1 月，习近平主席访问缅甸与前缅甸政府领导人会谈时表示，加快发展对接，建好经济走廊。双方要推进两国经贸合作五年规划，有效对接发展战略，落实好两国经贸和产能合作。中缅经济走廊建设是双方共建"一带一路"的重中之重。时任缅方领导人表示，缅方愿积极推进缅中经济走廊建设，全力落实皎漂港项目，加快推进交通、能源、产能、人文、边境、地方等领

域合作。缅方愿同中方携手前行，共同构建缅中命运共同体（新华社，2020）。

2018 年 9 月，为贯彻落实中缅两国领导人就共建中缅经济走廊达成的重要共识，国家发展改革委和缅甸计划与财政部在北京共同召开中缅经济走廊联合委员会第一次会议，并签署政府间共建中缅经济走廊的谅解备忘录，双方就中缅经济走廊的合作理念及原则、联委会工作机制、早期收获项目、合作规划以及重大项目推进等问题达成了广泛共识。双方同意成立发展规划、产能与投资、交通、能源、农业等 12 个重点合作领域的专项工作组（发展改革委员会网站，2018）。2020 年 1 月 18 日，两国领导人在内比都发表《中缅联合声明》，指出"双方同意加强共建'一带一路'合作，推动中缅经济走廊从概念规划转入实质建设阶段，着力推进皎漂经济特区、中缅边境经济合作区、仰光新城三端支撑和公路铁路、电力能源等互联互通骨架建设。"同时，"双方同意，加强教育、文化、旅游、宗教、媒体等社会人文领域交流合作，增进两国人民相互了解与友谊"。

从经济学视角分析，推进中缅经济走廊建设项目对中缅两国经济发展有相当重要的作用和意义。党的十九大报告强调，要以"一带一路"建设为重点，坚持引进来和走出去并重，遵循共商共建共享原则，加强创新能力开放合作，形成陆海内外联动、东西双向互济的开放格局（求是网，2018）。关于国际通道经济，许多学者从政治经济学、区域经济学和空间经济学的角度进行了深入研究。从经济增长和区域协调发展角度看，中缅经济走廊对我国西部地区由"开放末梢"转变成为"开放前沿"有重要意义，也能够通过经济走廊的规划和资金、人才、技术等要素在特定空间的集聚，形成新

的经济增长极，促进缅甸和中国西南欠发展地区的经济增长。基于
区域经济学和空间经济学理论，近年来，国内学者对跨境经济走廊
进行了更全面的研究。杨鹏（2012）、卢光胜等（2015）认为，跨
境经济走廊是一种强调优势互补的次区域经济合作形式，其实质是
发展通道经济，轴线形的狭长地带以及与之相对应的交通走廊是其
基本的外在特征，以经济合作为目的的跨区域合作机制是其应有之
意，以人文交流为代表的多领域发展合作也是经济走廊建设的重要
组成部分。

（二）中缅经济走廊的规划内容

根据《中华人民共和国政府与缅甸联邦共和国政府关于共建中
缅经济走廊的谅解备忘录》（简称《谅解备忘录》），双方确定以中
国提出的共建"一带一路"倡议为框架，充分对接《缅甸可持续发
展计划（2018—2030）》，共同规划和推进中缅经济走廊建设。中缅
两国将在基础设施互联互通、跨境经济合作区、民生人文、数字丝
绸之路等主要领域开展合作，优先推进中缅铁路、皎漂港建设等重
点项目（Global Times，2019）。中缅"人字形"走廊是指联通昆明
—瑞丽—曼德勒—内比都—仰光、昆明—瑞丽—曼德勒—马奎—皎
漂港的两条空间线路。

中缅经济走廊具体的合作内容包括以下三个方面。

一是聚焦龙头项目，加强互联互通。发挥好皎漂港项目对中缅
经济走廊的示范带动作用，以瑞丽—曼德勒公路和铁路，皎漂深水
港和皎漂经济特区建设助推昆明—皎漂通道，构建昆明—瑞丽—曼
德勒—皎漂陆海联运通道、昆明—瑞丽—曼德勒—内比都—仰光、

昆明—猴桥—密支那—印度雷多三条交通走廊。以中缅油气管道为依托，完善沿线成品油加工和天然气管网等配套设施，同时积极探索推进中缅电力联网的方式和途径，帮助缅甸开发电力、建设电网，开展新能源和节能技术合作，以及在缅甸电力严重缺乏的地区建设电站，尽快形成连通走廊的骨架网络。

二是扩大贸易投资，加快建设跨境经济合作区。加强与缅甸的金融合作，鼓励双方进出口贸易发展。同时，双方要加快推进瑞丽—木姐、清水河—滚弄、猴桥—甘拜地等跨境经济合作区建设。跨境经济合作区是中缅经济走廊建设的亮点，能够有效促进缅甸和中国云南的经济增长，增强中缅经济走廊的枢纽作用，发挥跨境经济合作区的先行先试功能，辐射带动周边地区发展。双方通过园区投资开发建设，搭建两国产业对接、融合的载体（李晨阳等，2019）。

三是深化人文交流，促进民心相通。民心相通是中缅经济走廊可持续推进的关键，对增进两国"胞波"情谊有重要作用。两国坚持要抓好中缅经济走廊沿线的民生、安全和基础设施建设，力争使更多缅甸基层民众早得实惠。两国将加强农业技术合作，在缅甸合作建设职业学校，资助缅甸优秀学生到中国留学，联合开办医院为缅甸民众提供多层次的医疗服务。在文化交流方面，鼓励更多青年开展交流，使"胞波"友好继往开来，薪火相传。中缅积极加强旅游合作，习近平主席在2020年1月访缅时已与缅方确定2020年为中缅文化旅游年。

（三）中缅经济走廊建设现状

一是中缅油气管道项目建设成果突出。包括原油管道和天然气管道，从国际市场的优质原油和缅甸近海的天然气出发，经过缅甸四个省邦，跨越中缅边境，输送到滇黔桂等省份。中缅油气管道项目是缅甸境内重要的能源通道，不仅促进了当地基础设施建设，而且带动了管道沿线经济发展，改善了当地民生。管道每天输送 1 700 万立方米天然气，极大解决了当地企业和民众的用电困难。

二是皎漂深水港建设迈出坚实步伐。皎漂半岛位于缅甸西部若开邦，西邻印度洋，岛西北端至东部航道是优良的天然避风避浪港，可航行、停泊 25 万~30 万吨级远洋客货轮船。皎漂所处的若开邦地区地处偏远，经济基础薄弱，基础设施落后，亟待大力发展。在长达两年多的艰难谈判后，中缅于 2018 年 11 月签署了皎漂港框架性协议，双方将投资 13 亿美元用于项目一期建设。2020 年 8 月 8 日，缅甸投资与公司管理局颁发证书，正式批准皎漂特别经济区深水港项目合资公司注册成立，标志着皎漂港项目取得重大进展。

三是交通互联互通项目取得重要进展。2019 年 4 月，中国向缅甸递交了关于木姐—曼德勒铁路项目的可行性报告。随后，缅甸交通与通讯部、铁道局与中国中铁签署了备忘录，确认铁路工程勘测项目。木姐与中国云南省接壤，是中缅两国之间最大的贸易口岸门户，曼德勒是缅甸第二大城市，预计木姐—曼德勒铁路建成后将成为中缅贸易的生命线，两地间将实现最快三小时通达。缅甸铁路专家目前正在审查木姐—曼德勒铁路可行性报告，并就路线和桥梁、隧道、车站的确切位置做出决定。若完成与中国的接轨，木姐—曼德勒铁路将成为缅甸第一条国际铁路，更好地连接缅甸各地区的铁路，成为建设完整铁路交通网络的重要纽带（人民网，2020）。

四是中缅两国双边经贸合作不断深化。中国连续多年成为缅甸第一大贸易伙伴。数据显示，2018年至2019年，中缅双边贸易额占缅甸贸易总额的33%；2022年，中缅贸易额为251.46亿美元，同比增长35.05%。同时，中国也是缅甸重要的外资来源国。根据中国商务部和中国银行业监督管理委员会的数据，截至2022年年底，中国是缅甸最大的贸易伙伴和最大的投资来源国，双边贸易额达到了128.9亿美元，中国对缅甸的直接投资累计达到254.5亿美元，主要集中在电力、矿业、石油天然气、制造业、服装业及电信业等。

二、中缅经济走廊推进面临的挑战及原因

（一）影响中缅经济走廊建设的主要因素：定量化的评价

本书拟采用德尔菲法（Delphi）进行一、二级指标的判定。第一步，构建影响中缅经济走廊建设的主要因素的关键指标。按照全面、系统、合理、科学的原则判定二级指标的影响程度，严格挑选相关专家，依托专家的知识、技能和经验，成立6个专家小组，每组5人，共30人。其中，研究国际化战略的专家5人、研究缅甸问题的专家5人、研究基础设施建设的专家5人、中国驻南亚外交人员5人、中国在缅企业家5人、"一带一路"相关专家5人。第二步，构建结构化问卷和量表，问卷涵盖指标库中所有变量，并构建

程度量表。通过邮件向以上领域专家发放问卷并明确相关要求，请专家对财政和建设能力不足、域外国家干扰、政治及民间互信不足、民族宗教武装冲突、其他原因六大要素进行程度评量并打分，打分后统一回收问卷。第三步，将回收的问卷和量表进行梳理分析，再次返回给各专家，由各专家再次对量表打分进行修正，确保指标库更加贴近现实情况。通过讨论减去指标库中的冗余项后得到指标库，如表6-1所示。

表6-1　影响中缅经济走廊建设的主要因素指标库

主要影响指标	子要素
财政和建设能力不足	缅甸财政资金不足
	缅甸国际融资能力弱
	缅甸基建能力不足
域外国家干扰	美国干扰
	日本干扰
	印度干扰
政治及民间互信不足	中缅政治互信有待加强
	缅甸国内 NGO 干扰
	负面舆论
	生态环保问题
民族宗教武装冲突	若开军 AA 威胁
	罗兴亚人及孟加拉国穆斯林群体问题
	缅北民族武装冲突威胁
其他原因	地理条件
	贸易逆差问题
	外籍员工数占比

　　由于运用德尔菲法主要进行的是定性评价，为进一步验证指标的科学性和对指标进行完善性处理，本书再次选用探索性因子分析方法进行指标体系的构面分析，进一步验证指标。主成分分析（principal component analysis）是利用降维的思想，将多个变量转化为少数几个综合变量（即主成分）。采用这种方法可以克服单一指标不能真实反映存在问题的缺点，引进多方面指标，但又将复杂因素归结为几个主成分，使得复杂问题得以简化，同时得到更为科学、准确的结果。

　　首先运用 SPSS19.0 软件对选择的指标库和量表进行 KMO 和 Barlett 球形度检验，输出结果显示 KMO 值为 0.698，大于 0.6，说明适合做探索性因子分析（见图 6-1）。

KMO 与 Bartlett 检验

Kaiser-Meyer-Olkin 测量取样适当性		0.698
Bartlett 球形检验	大约卡方	190.933
	df	120
	显著性	0.000

图 6-1　KMO 和 Bartlett 的检验

　　然后，采用主成分分析法提取公因子，通过对初始因子载荷矩阵采用方差最大法（varimax）进行旋转，可得到旋转后因子解释的方差贡献率以及旋转后的因子载荷矩阵，如表 6-2 所示。

表 6-2 **解释的总方差**

说明的变异数统计

元件	起始特征值			提取平方和载入		
	总计	变异的%	累加%	总计	变异的%	累加%
1	5.750	35.935	35.935	5.750	35.935	35.935
2	1.619	1.122	46.057	1.619	1.122	46.057
3	1.415	8.845	54.903	1.415	8.845	54.903
4	1.212	7.572	62.475	1.212	7.572	62.475
5	1.086	6.788	69.263	1.086	6.788	69.263
6	0.918	5.738	75.001			
7	0.831	5.194	80.195			
8	0.761	4.754	84.949			
9	0.544	3.399	88.348			
10	0.464	2.899	91.248			
11	0.367	2.293	93.540			
12	0.319	1.995	95.535			
13	0.268	1.678	97.213			
14	0.198	1.237	98.450			
15	0.148	0.927	99.377			
16	0.100	0.623	100.000			

提取方法：主体元件分析。

根据解释的总方差及特征值大于 1 的要求，结合图 6-2 碎石图，抽取的主成分为 5 个，利用 SPSS19.0 软件中的因子分析法，得到因子成分评分矩阵，如表 6-3 所示。

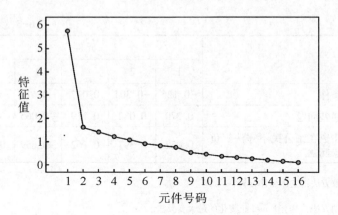

图 6-2 碎石图

表 6-3 因子评分矩阵

旋转元件矩阵ª

	元件				
	1	2	3	4	5
缅甸财政资金不足	0.413	0.012	0.295	0.343	0.147
缅甸国际融资能力弱	0.808	0.274	0.001	0.131	-0.085
缅甸基建能力不足	0.252	0.690	-0.212	0.239	-0.066
美国干扰	0.114	0.077	0.849	0.167	0.152
日本干扰	0.472	0.123	0.244	0.035	-0.617
印度干扰	0.503	0.632	0.110	0.045	0.003
中缅政治互信有待加强	0.376	0.798	0.224	-0.092	-0.043
缅甸国内 NGO 干扰	0.507	0.433	0.243	0.047	0.029
负面舆论	0.069	0.828	0.271	0.239	0.095
生态环保问题	0.674	0.353	0.250	0.166	-0.011
若开军 AA 威胁	0.852	0.152	0.100	0.051	0.142
罗兴亚人及孟加拉国穆斯林群体问题	0.206	0.316	0.201	0.705	-0.127
缅北民族武装冲突威胁	0.261	0.218	0.735	-0.205	-0.295

表6-3(续)

	元件				
	1	2	3	4	5
地理条件	−0.126	−0.304	0.017	−0.612	−0.135
贸易逆差问题	0.270	0.082	0.119	−0.065	0.862
中国少数在缅公民不守法等负面形象问题	0.052	0.397	0.162	−0.659	0.286

提取方法：主体元件分析。

转轴方法：具有 Kaiser 正规化的最大变异法。

a. 在 7 量代中收敛征环。

再次运用 SPSS19.0 对收回的问卷评价值进行相关数据的信度检验，如图 6-3 所示。

可靠性

尺度：ALL VARIABLES

观察值处理摘要

		N	%
观察值	有效	30	100.0
	已排除[a]	0	.0
	总计	30	100.0

a. 基于程序中的所有变量完全删除。

可靠性统计资料

Cronbach 的 Alpha	项目个数
0.866	16

图 6-3　可靠性检验

检验结果显示，Cronbach 的 Alpha 值为 0.866，说明数据的可靠性程度较高。根据旋转成分矩阵，可按照同一类别指标库的相似性，将 5 个主成分分别命名为：资金短缺问题、民心相通不足、域外大国干扰、民族宗教武装冲突威胁、经贸不平衡。

主成分分析的数学模型为

$$Y1 = u11X1 + u12X2 + \cdots u1pXp$$
$$Y2 = u21X1 + u22X2 + \cdots u2pXp$$
$$\cdots \qquad\qquad ; Y = UX \qquad (6-1)$$
$$Yp = up1X1 + up2X2 + \cdots uppXp$$

根据主成分矩阵进行转换计算，根据公式

$$U_i = A_i / \sqrt{\lambda_i} \qquad (6-2)$$

得到特征向量矩阵（见表 6-4）。

表 6-4　特征向量矩阵

Y1	Y2	Y3	Y4	Y5
0.17	0.01	0.25	0.31	0.14
0.34	0.22	0	0.12	-0.08
0.11	0.54	-0.18	0.22	-0.06
0.05	0.06	0.71	0.15	0.15
0.2	0.1	0.21	0.03	-0.59
0.21	0.5	0.09	0.04	0
0.16	0.63	0.19	-0.08	-0.04
0.21	0.34	0.2	0.04	0.03
0.03	0.65	0.23	0.22	0.09
0.28	0.28	0.21	0.15	-0.01

表6-4(续)

Y1	Y2	Y3	Y4	Y5
0.36	0.12	0.08	0.05	0.14
0.09	0.25	0.17	0.64	−0.12
0.11	0.17	0.62	−0.19	−0.28
−0.05	−0.24	0.01	−0.56	−0.13
0.11	0.06	0.1	−0.06	0.83
0.02	0.31	0.14	−0.6	0.27

将指标库中的 16 个变量依次设为 $X1$，$X2$，$X3 \cdots X16$，则根据表 6-4 得到主成分的表达式：

$$Y1 = 0.17X1 + 0.34X2 + 0.11X3 + \cdots + 0.02X16 = 8.367 \tag{6-3}$$

$$Y2 = 0.01X1 + 0.22X2 + 0.54X3 + \cdots + 0.31X16 = 13.915 \tag{6-4}$$

$$Y3 = 0.25X1 - 0.18X3 + 0.71X4 + \cdots + 0.14X16 = 11.834 \tag{6-5}$$

$$Y4 = 0.31X1 + 0.12X2 + 0.22X3 + \cdots - 0.6X16 = 3.58 \tag{6-6}$$

$$Y5 = 0.14X1 - 0.08X2 - 0.06X3 + \cdots + 0.27X16 = 1.4 \tag{6-7}$$

根据上述定量分析，沟通不足是中缅经济走廊建设的最大挑战，其余依次是域外大国干扰、资金缺乏、民族宗教武装冲突和经贸、地理条件等其他因素，定量分析和定性分析结果具有一致性，可采纳为参考依据。

（二）孟中印缅经济走廊视域下，中缅经济走廊面临的主要挑战

1. 中缅双方民心相通有待进一步加强

目前，中缅双方在"民心相通"目标的实现上存在难点。具体而言，即中国国家形象的塑造在中国对缅甸投资、援助以及践行共建"一带一路"倡议中成效不佳，部分缅甸民众对中国存在误解，甚至出现排斥中国的消极情绪。这部分群众大多认为，中国对本国的援助与投资、中国企业进入当地，对基层民众生活水平的提高没有切实的帮助；对当地经济水平的提高，如就业率的提高无实际帮助，中国企业参与当地基建项目带来大批中国工人反而会减少当地民众的就业机会；中国的建设项目会破坏当地的生态环境等。这部分缅甸民众对中国的误解有多方面的原因。例如，某些中国企业过于重视短期经济利益，环境保护意识不足，造成不良评价；双方民间交往不深入，互相了解不足等（刘方平，2016；朱丹丹 等，2017；卢光盛 等，2014）。因此，如何在缅甸树立良好国家形象，获得缅甸民众的民心，成为中缅经济走廊建设亟须解决的问题。

2. 域内外势力对中缅经济走廊项目的干扰不可小觑

缅甸曾是英国殖民地，缅甸实现独立时，英国等国在当地培育了一大批亲英的非政府组织（NGO），并长期资助了一批亲西方的政治精英。这些 NGO 负责人大多曾在英、美、日等国接受教育，并成为缅国内的精英。在英、美、日等国的帮扶下，这些 NGO 占有缅国内舆论主导权，且在司法和教育领域都有较大影响力。这部分 NGO 在西方国家指导下，具有强大的民间渗透能力，在基层民众内有较

强动员能力。在美国大力实施印太战略、中美地缘政治博弈日渐升温的背景下，中缅经济走廊基础设施的互联互通势必影响马六甲海峡的现实经济利益和地缘战略地位，美国定会在缅国内实施反对、阻挠中缅经济走廊建设的行动。

前缅甸民盟政府执政后，西方国家各类媒体和 NGO 就经常对中缅经济走廊推进的合作项目肆意诋毁、抹黑，并制造中国及中国企业在缅甸的负面形象，认为中国投资和中缅经济走廊建设会破坏缅甸环境，使缅甸成为中国的政治"附庸"，煽动缅甸民众阻挠中缅合作项目的推进。如之前中缅合作修建密松大坝时，部分 NGO 就竭尽所能对该项目抹黑，将其"政治化"，认为该项目将导致大量民众流离失所，会对缅甸生态带来"不可逆转的灾难"，而全然不顾缅甸电力极其匮乏的事实。部分不明真相的民众受其煽动，最终通过抗议等方式阻挠了电站的建设。此外，美方也派遣"专业人士"到缅甸一些 NGO 担任咨询顾问，对中缅双方签署的协议进行"民间监督"甚至是抗议，以阻挠中缅经济走廊建设的推进。

此外，印度也是中缅经济走廊建设的干扰因素之一。中缅经济走廊是孟中印缅经济走廊的重要组成部分，而印度出于安全战略以及经济因素的考虑，对该走廊的建设持审慎态度。其一，印度从"国家引导型安全困境"的角度出发，认为中国会通过孟中印缅经济走廊增强中方在孟加拉湾与孟方的接触，并在缅甸海岸立足，在扩张中国在南亚的势力范围的同时压缩印度的战略空间（朱翠萍 等，2019）。其二，印度从国内政治安全角度考虑，认为孟中印缅经济走廊的中心地带穿过其长期存在民族分离主义和反政府武装问题的东北部地区，该走廊的建设会加大印度中央政府对东北部的管控难度

（林延明，2015）。其三，印度以相对收益而非绝对收益看待孟中印缅区域合作，认为孟中印缅经济走廊的建设只对中国"单方面利好"，而且会增加印、孟、缅三国的对华贸易逆差。因此，印度对孟中印缅经济走廊建设采取干扰策略。一为炒作"债务陷阱论"以抹黑中国形象，而且该策略已逐渐在缅甸奏效。如缅甸皎漂深水港的建设项目大幅度缩减中国的融资金额，其原因之一是缅甸前民盟政府为避免陷入债务陷阱，而寻求减少皎漂经济特区的规模（李晨阳等，2019）。二为大力推进替代性建设计划，以稀释中国所倡导的孟中印缅经济走廊项目的区域影响力。如重启印缅泰公路项目以及推出新的区域合作项目——"孟不印尼"次区域合作项目。印度的这些举措干扰了中国提倡的孟中印缅经济走廊的建设，而且中印双方均提出不同的区域合作计划将会分散力量，不利于区域合作的发展。

三、加快中缅经济走廊建设的政策建议

（一）尽快推动骨干项目建设，发挥示范效应

第一，交通基础设施薄弱、电力匮乏长期制约缅甸经济社会发展，缅甸政府、普通民众急于改变这种现状。因此，在推动中缅经济走廊建设时，要急缅方之所急，率先推动交通、电力等骨干基础设施项目建设。根据《关于共建中缅经济走廊的谅解备忘录》《缅甸可持续发展计划（2018—2030）》以及2020年1月双方发布的《中缅联合声明》，首先，要以中国的外交部、发展改革委、商务部等主要相关部门为主建立中方工作组，在中缅双边合作机制框架下

与缅方相关部门一同组成"中缅经济走廊发展协调委员会",进一步加紧细化中缅经济走廊具体基础设施建设的项目规划,明确项目的建设原则、完成目标、合作方式和运营方式等,明确中缅各部门的职责、沟通机制和推进日程表。

第二,中缅要加快中缅铁路瑞丽/木姐—曼德勒段的建设。目前,该项目已完成前期可行性研究,并由中铁二院进行工程勘测。中方要敦促缅方相关部门尽快完成可行性研究报告和工程设计方案的审定,并确定工程资金和建设方案。木姐—曼德勒段铁路北连瑞丽/木姐跨境经济合作区,中间穿越武装冲突频繁的掸邦,南至缅甸中部中心城市曼德勒,是中缅国际铁路承上启下的一段,具有极强的经济带动作用和示范效应。该段铁路的建成能够极大加强缅甸对华出口能力,改善沿途经济现状,增加民众收入。

第三,与缅方共同规划、建设一批电力基础设施。缅甸政府和人民急切希望能够解决当地电力短缺的问题,中国应利用在电力系统建设方面的技术和施工优势,在缅规划、上马一批发电项目,并合作构建稳定、高效的区域电网。在推进交通和电力基础设施建设过程中,应汲取密松电站项目搁浅的经验,科学制订移民搬迁、生态保护的规划,注重公开透明和社会责任。项目投资不能仅考虑短期回报,更要服务于整个中缅经济走廊建设的长远利益和战略效益。

中缅经济走廊建设所需资金规模巨大,缅自身财力无法提供足够的资金支持。一方面,中国要帮助缅甸申请世界银行、亚洲开发银行、亚洲基础设施投资银行(AIIB)等机构的项目资金。中缅经济走廊符合亚洲开发银行"消除贫困,促进亚太地区的经济和社会发展"的宗旨,也符合 AIIB 促进亚洲区域建设的互联互通化和经济一体化的进程，及加强中国及其他亚洲国家和地区合作的宗旨，中缅应尽力争取以上国际金融机构提供的专项资金支持。另一方面，缅甸可与中方企业联合以 BOT 方式进行投入建设，中方企业可作为主要出资方，约定回报方式和周期。同时，中缅两国可以拓展融资模式，如各自与本国银行、信托等金融机构，发行项目建设金融产品。

（二）规划建设一批民生工程、民心工程

社会民生工程是最直接影响缅甸基层民众生活的项目之一，也是最能获取当地民心的项目之一，更是中国在缅甸基层社区建立负责任大国形象的重要途径。然而，对于中国企业来说，参与民生工程的社会基建项目相比于经济基建项目来说获利较少，因此更多企业倾向于参与经济基建项目的竞争。因此，为推进民生工程项目以获得民心，中国可效仿日本，通过官民合作方式，采取"硬援助"和"软援助"两个途径相结合的来大力推进民生工程建设。

1. 利用双边与多边援助方式推行"硬援助"的民生工程基建项目

民生工程基建项目的资金可根据项目的大小来选择不同的来源。对于小型民生工程，如某一村庄小范围的上下水道改造项目，可参考日本的做法。日本采用援助补贴的方式或者提供优惠贷款的方式，将项目外包给日本的中小企业去实施完成。这些"小而精"的民生工程大多在偏远地区或小社区，日本因此在受援国最基层民众中获得民心。因此，中国政府也可采用政府资金补贴的方式，鼓励中国企业特别是中小企业加大对该类项目的参与度。

对于大型民生基建项目，针对财政负担以及单个企业难以完成的问题，日本常通过援助资金与民间资金共同合作，或者通过多边援助机构如亚洲开发银行的多边合作援助或者融资的方式推行大型民生基建项目。鉴于此，中国可与亚洲开发银行、丝路基金等金融机构进行合作，项目所需的大额费用由金融机构负责筹集。这样的分工方式不仅可以把中国援外资金从营利性项目中剥离开来，而且又能通过提供先导服务建立良好国家形象（刘方平，2016）。

2. 智库建设与配套服务机制推进对民生工程的"软援助"

第一，通过官方援助智库的建立，为民生工程的实施项目建言。民生工程是涉及当地基层社会问题、文化问题等的大项目，如果政府以及企业没有相关领域专家或者课题组的专业建议与方案设计，则很容易陷入与当地民众的纠纷，致使项目流产，投资国、援助国的政府与企业都会得不偿失。日本对外援助执行机构（JICA）属下设置专门研究援助政策的研究机构，JICA 也被认为是未来日本战略性运用援助政策实现国家战略利益的最重要助力机构之一（Hiroshi Kato，2016）。JICA 在东南亚普遍实行"投资+援助+政策"的支持机制，以期增加对东道国的政治影响。JICA 在日本对外援助中提供智力支持，为援助项目的选择提供先导服务，如组织课题组进行实地考察，做出具体方案以及进行风险评估；建立专家与企业的联系，共同对方案做出适当修改。因此，鉴于日本的经验，中国也可建立配套智库服务机制，为具体民生项目的选择与实施，提供智力方面的先导服务。

第二，建立民生工程的配套服务机制，为项目完成后的运营与维护提供人才培训项目。在缅甸，部分经济与社会发展相对落后的地区，存在民生基建项目完成后无法独立运营与维护的问题，而日本通常会为受援地区提供运营与维护方面的技术人才培养项目，为该民生项目的可持续有效使用提供保障（草野厚，2010）。中国在推进中缅经济走廊的民生工程中也可提供相关配套服务，包括运营与维护的技术人才的培训项目，以在受援国建立良好的口碑。

（三）以多元主体合作并举的方式共同规划、上马
　　　一批生态环保项目

环保问题是造成中国国家形象在部分缅甸民众心中印象不良的因素之一（刘派 等，2017）。在具体的项目实施中，可借鉴日本在缅援助的模式，采取以政府、企业及社会组织为主体的方式推进实施。

1. 中国政府要承担中缅生态环保项目的总体规划与监督工作

第一，中国政府要做好中缅生态环保项目的总体规划工作。如通过探讨，规划、开展对湄公河流域水污染治理项目、流域森林植被保护、土壤治理方面的技术支援项目等。第二，中国政府要对参与海外业务的企业的项目开发是否涉及环境污染起到严格监督的作用，以防企业为单纯追求经济利益而做出有损国家形象的行为。第三，要做好中缅经济走廊生态环保项目的资金保障，在设计中缅经济走廊互联互通项目实施时，可配套一部分资金作为生态环保专项资金，保障生态环保项目的推动。

2. 以企业为主体的实践与评估工作

企业是直接参与海外项目开发的最前线主体，企业应该作为践行环保理念的主体，参与塑造国家良好环保形象的任务。在以企业

为主体的环保项目实施过程中，我国政府要鼓励参与中缅经济走廊建设的企业在项目实施前、过程中以及完成后设置生态环保评估体系，对走廊建设项目的环保状况实施透明的事前事后评估，并与当地政府与居民进行沟通。

3. 以社会组织为主体的海外环保交流与合作项目

从日本对外援助的经验看，日本政府非常重视与 NGO 在环境保护中的互动，以资金补贴的方式增加国内环保 NGO 参与国际交流活动。同时向国际环保 NGO 提供资金援助，共同在海外推进环保项目的实施。日本与 NGO 的环保项目合作，为日本在国际社会上树立了注重环保的国家形象。日本对外援助的经验对我国在中缅经济走廊建设过程中，有一定的借鉴意义。我国政府也可鼓励国内非官方智库和社会组织加强与缅甸 NGO 和媒体的交流与合作，对一批意义重大、见效明显的合作交流项目进行资助，并向民众及时发布合作成果。

（四）加强各层级沟通，增强中缅两国之间的政治互信

国家间政治互信的构建不可能一蹴而就，各方均都需要耐心、智慧，并秉持善意去推进、维护。

在建设中缅经济走廊时，要与利益相关方坦诚沟通、相互磋商，要协调好各方利益，关照各方关切，寻求最大公约数，最终形成参与各方都能理解、支持的建设方案，并以此为基础逐步增强政治互信。首先，中国应对在该走廊实施基础设施互联互通的目的、具体项目、规划线路与实施方式、项目实施后对各方的好处和利益与缅

甸政府及民众进行坦诚沟通，尤其要让其清楚中国努力推动中缅经济走廊建设更多是为了扩大中国西部地区的对外开放，整合和推动区域经济发展，促进经济和贸易发展，而非政治性或军事性的。第二，在推动中缅经济走廊建设时要照顾缅甸各方利益。要与各方充分沟通，让缅甸政府及民众充分意识到中缅经济走廊建设可大幅促进缅甸经济增长，提高居民收入并提供更多就业机会。第三，面对印度对孟中印缅经济走廊建设的干扰，中国也应加强与印方政府的政治沟通，在竞争中求合作，共同在该走廊的建设中获益。第四，中方应加强与缅方在反恐、反诈等安全治理领域的合作，实现信息共享。

（五）扩大民间交流，增进民心相通

习近平主席在 2020 年 1 月 17 日与时任缅甸国家领导人会见时强调，中缅文化都讲一个"缘"字。两国地缘相近、人缘相亲、文缘相通，"胞波"情谊历经千年始终如一，是双边关系发展的动力和源泉。2017 年，习近平主席在三次会见前缅甸政府领导人时均表示，中缅合作要在共建"一带一路"倡议背景下，推动农业、水利、教育、医疗等更直接惠及民生的领域合作，惠及两国民众。第一，中国要进一步扩大面向缅甸的进口贸易。从经济结构看，缅甸当前是一个典型的农业国家，农业人口占 60% 以上，农业产值占 40% 以上。中国对缅甸的水稻、橡胶、水果等特色农产品有旺盛的需求，在扩大开放和进口的背景下，中国企业可帮助缅甸农民实现农产品电商化，让更多的缅甸农产品进入中国市场，让缅甸农民对中国有更直观的认识和感受，在客观上营造良好的舆论环境，两国的民意基础

将得到巩固和改善。第二，中国要鼓励国内互联网企业前往缅甸投资，为缅甸民众提供便捷、高效的网络服务和信息服务，鼓励支付宝、微信、抖音等互联网产品推出其"缅甸版本"，利用网络空间，推广讲好"一带一路"故事；鼓励华为、大疆、小米、TCL、吉利、长虹等科技企业加快在缅甸布局，让更多缅甸民众能够体验到性价比高的中国产品。第三，中国企业在参与中缅经济走廊建设时，要注重体现社会责任，广泛参与当地民生、教育、反贫等社会志愿活动。第四，要鼓励中国高校、智库、媒体加强与缅甸高校、智库、媒体的合作，并可设立研究基金，鼓励缅甸高校学者、智库研究人员、社会组织、媒体成员申报中方设立的研究基金，形成一批能够有力推动中缅经济走廊、增进中缅关系的研究成果，从理论和实践层面阐释中缅经济走廊建设是"致富路""幸福路"。这样做能够帮助该区域更多民众摆脱贫困，搭上收入增长的"快车"。第五，鼓励中国社会组织配合中缅经济走廊建设在缅甸开展志愿服务和社会服务，深入缅甸城乡基层，将中国精准扶贫的有益经验和智慧运用到缅甸脱贫进程当中，使两国民心相通。

第七章 中国西部地区面向中巴 经济走廊互联的对外开放

一、中巴经济走廊建设的机遇与意义

（一）中巴经济走廊建设的重大意义

中巴经济走廊（CPEC）项目建设正式启动于 2015 年，中巴双方当时确定了以走廊建设为中心，以港口、能源、交通和产业为支撑的合作框架（新华网，2015）。中巴两国 2017 年 11 月正式签署《中巴经济走廊远景规划》（以下简称《规划》），进一步确定了重点合作领域和短期、中期、长期发展目标。《规划》既是中巴经济走廊的建设纲要，也体现了巴基斯坦国家发展愿景与中国共建"一带一路"倡议的共通共融。中巴经济走廊居于"一带一路"六大走廊之首，沿中巴经济走廊加快实现陆海基础设施的互联互通，对我国西南地区面向欧亚大陆和印度洋的对外开放意义极为重大。

（二）中巴经济走廊建设的重要机遇

从现状看，中巴经济走廊已开工的 17 个基础设施互联互通建设项目极大提升了该地区的发展潜力。自中巴经济走廊建设正式启动以来，中巴双边经贸合作进展迅速。中巴经济走廊建设计划总投资 620 亿美元（中国经济网，2018）。据统计，截至 2019 年 6 月，中巴经济走廊框架下的双边基础设施合作建设项目累计达 22 项，其中互联互通项目有 17 项；已开工项目中的 14 项已完成，其余项目正有序推进（中国经济网，2019）。作为共建"一带一路"倡议中起步最早、领域最广、效益最为明显的全要素合作项目，中巴经济走廊重塑了中巴两国在能源、交通等基础设施方面的联通格局，对中国西部内陆地区构建经新疆喀什的战略性陆海大通道、沿南亚次大陆面向印度洋的对外开放和经济合作发挥了极其重要的支撑作用，同时也为巴基斯坦带来更强劲的经济增长动能。近 5 年来，巴基斯坦 GDP 平均增长率较之前的 3% 左右增长到 4.77%，最近一个财年，其更是以 5.8% 的增速创造了 13 年来新高（唐孟生 等，2019）。国内外经济学家通过理论和模型实证研究充分阐释了这一现象。Chenery（1968）通过"双缺口模型"阐释了完善基础设施、引进外资、增强出口可以有效提升发展中国家的经济发展水平。Barro（1990）、Bougheasetal（2000）等构建的内生增长模型也证实，政府提供的基础设施等公共服务能有效促进经济的长期增长。魏下海（2010）、汤智民（2010）、杨艳（2009）等中国学者，通过计量经济学方法对中国近 30 年数据进行的实证研究也揭示了基础设施投资对经济增长有明显刺激作用。中巴经济走廊建设在很大程度上弥补了巴基斯坦由于资金不足和技术滞后等导致的投资不足问题，使其具备了经济增长的基础动能。

二、中巴经济走廊互联互通项目发展现状

中国驻巴基斯坦大使馆材料显示，中巴经济走廊项目目前已完

工或在建的 22 个项目（见表 7-1），其中属于基础设施互联互通的项目有 17 个（拉合尔橙线轨道项目不属于中巴基础设施互联互通项目）。从资金来源上共分为五类，即中国政府提供无息贷款的项目 1 个，中国政府提供优惠性质贷款的重大交通基础设施项目 4 个，中国企业及其合作伙伴在巴投资的能源和港口项目 12 个，中国政府提供无偿援助的民生项目 4 个，巴基斯坦政府提供资金的项目 1 个（中国经济网，2019）。目前，已完工项目 14 个，其余项目正按计划逐步实施。

表 7-1　中巴经济走廊涉及的 22 个项目明细

序号	类别	名称	出资方式	额度/亿美元
1	电力、能源项目	50 兆瓦大沃风力发电项目	中国企业及其合作伙伴在巴直接投资	1.15
2		100 兆瓦联合能源吉姆普尔风电 1 期项目		2.52
3		50 兆瓦萨查尔风电项目		1.34
4		300 兆瓦旁遮普中兴能源太阳能项目		4.6
5		1 320 兆瓦卡西姆港燃煤电站项目		20.85
6		1 320 兆瓦萨希瓦尔燃煤电站项目		18
7		720 兆瓦卡洛特水电项目		16.98
8		660 兆瓦胡布燃煤电站项目		19.95
9		100 兆瓦三峡风电二期和三期项目		2.24
10		苏基克纳里水电站项目		18.02
11		塔尔煤田二区坑口项目		20

表7-1(续)

序号	类别	名称	出资方式	额度/亿美元
12	重大交通基础设施项目	喀喇昆仑公路二期升级改造哈维连至塔克特段	中国政府提供利率大约为2%的优惠性质贷款	13.15
13		卡拉奇至拉合尔高速公路苏库尔至木尔坦段392KM		28.89
14		拉合尔橙线轨道交通项目		16.26
15		中巴跨境光缆项目		0.44
16		瓜达尔东湾快速路	中国政府提供无息贷款	1.43
17		巴1号铁路干线（ML1）升级改造可行性研究项目	巴基斯坦政府提供资金	0.03
18		瓜达尔港运行和自由区建设项目	中国企业及其合作伙伴在巴直接投资	2.35
19	民生项目	瓜达尔智慧城市规划	中国政府提供无偿援助	0.29
20		瓜达尔中巴友谊小学		
21		瓜达尔急救中心		
22		数字电视传输示范项目		

数据来源：根据公开资料整理。

（一）巴基斯坦境内电力互联互通网络显著改善

能源短缺长期以来都是巴基斯坦经济发展的"痛点"，也是历届巴基斯坦政府最为重视、最想解决的问题之一。据普华永道研究报告，由于电力供应不足，巴基斯坦对全国不同地区采取轮流限电措施，城市和农村地区每天停电10到22个小时不等。严重且持续的生产生活电力匮乏，使巴基斯坦经济值备受拖累。

　　瞄准巴基斯坦电力缺口，中巴经济走廊将电力建设项目列为重中之重。多家中资企业如三峡集团、能建、华能、国家电网等均积极响应规划要求，投资建设巴基斯坦的水电、火电、光伏和电网等能源互联互通项目。目前，共有 11 个电力、能源项目开工或投产运营，装机总量达到 7 240 兆瓦。通过五年建设，截至 2019 年 4 月初，中巴经济走廊框架下的这些项目已为巴基斯坦补充电力 3 340 兆瓦，占该国电力装机总量的 11%，极大缓解了当地电力短缺问题，并对中巴经济走廊沿线经济社会发展起到了重要推动作用。

　　除发电项目外，为解决巴基斯坦电网老化问题，中国国家电网公司投资 16.58 亿美元以 BOOT 模式建设该国第一条高压直流输电线。项目 2021 年正式投入运营，合约期限为 25 年，可为当地创造 5 000~7 000 个技术岗位。该输电线投运后，中巴经济走廊沿线多个发电项目将实现相互联通，极大缓解巴基斯坦中部、南部地区的电力短缺现状。

　　随着中巴经济走廊框架内的发电基础设施项目逐步建成和其国内电网的逐步升级，巴基斯坦各大城市和地区间的电网互联互通指日可待，但巴基斯坦内电网与中国新疆电网的互联互通目前尚无具体规划。

（二）中巴公路互联互通建设有序推进

　　中巴经济走廊框架内主要公路通道呈"勺子"状分布，北段自新疆喀什经红其拉甫边境口岸连接至伊斯兰堡，历史上称为中巴国际公路，又名喀喇昆仑公路；南段由伊斯兰堡连接至南部俾路支省瓜达尔港，走向分为西线和东线，其中西线从伊斯兰堡经奎达至瓜达尔港，东线从伊斯兰堡经卡拉奇至瓜达尔港。

喀喇昆仑公路，又名为中巴友谊公路或帕米尔公路。该公路全长1 032公里，其中中国境内416公里，巴基斯坦境内616公里。其北起中国新疆喀什，经疏附、乌帕、托海、布仑口、塔什库尔干、达不达、红其拉甫、水不浪沟，翻越喀喇昆仑山红其拉甫达坂进入巴基斯坦控制区，再经过巴勒提特、吉尔吉特、齐拉斯、巴丹、比沙姆到达巴基斯坦北部城市塔科特；是巴基斯坦北部通往首都伊斯兰堡及南部沿海地区的交通要道，也是中国通往巴基斯坦及巴南部港口卡拉奇、瓜达尔、南亚次大陆、中东地区的唯一陆路通道，具有重要的战略和经济意义。喀喇昆仑公路由中巴双方于20世纪60年代开始建设，由于地质条件恶劣、施工技术受限，该公路自开工到建成耗时十余年。这条跨境公路，自北向南穿越多条山脉和冰川，常年饱受山体滑坡、地震、极端气候等灾害侵蚀，前后经历多次大修，目前虽然全线路面贯通，但由于冬季大雪封山，中巴边境海拔近5 000米的红其拉甫口岸每年只在4—11月开放。该公路也是当前中巴两国最重要的陆上物资和贸易通道。

中巴经济走廊内南段，即巴基斯坦境内段东线与西线公路常年保持畅通。巴基斯坦官方统计，截至2018年4月，该国公路通车总里程为26.89万公里，其中相当于我国二级公路的高等级公路19.75万公里，低等级公路7.15万公里。国家高速公路网络包括39条国道、高速公路和战略性公路，总长12 131公里。巴基斯坦公路网络由北至南延伸，线路主要呈东西分布，依托东线的5号国道和西线的55号国道形成巴基斯坦国内经济最为活跃和贸易往来最频繁的两条大动脉。40 号国道和 70 号国道自西向东横贯该国中部。印度河西岸的俾路支和西北边境两省囿于经济发展水平和恶劣自然环境，路网密度明显低于东部的旁遮普和信德省。

多数学者认为，中巴公路的互联互通有利于中国西部地区面向中亚、南亚、西亚和欧洲的对外开放（宋志辉，2006）；同时对推动巴基斯坦经济增长、改善财政与就业状况有重要作用（黄君宝，2008）。实际上，早在 2009 年，巴基斯坦官方就曾发布公路"10 年投资规划"，计划通过 10 年将公路密度从 0.32 公里/平方公里提高至 0.64 公里/平方公里，以提高行车速度，降低车辆运营成本。此后，巴基斯坦又进一步将"10 年投资规划"与中巴经济走廊建设规划对接，着力进一步提升巴基斯坦路网运输能力。

2006 年 2 月，巴基斯坦前总统穆沙拉夫访华期间，中巴发表联合声明，"双方原则同意合作改扩建中巴喀喇昆仑公路"。2008 年 2 月，由中国路桥工程公司负责实施的喀喇昆仑公路改扩建项目正式启动。喀喇昆仑公路经首期改扩建后于 2015 年 9 月 2 日贯通，标志着这条战略通道时隔 5 年恢复运行，使得从新疆红其拉甫口岸到雷科特的时间从之前的 14 小时缩短到 7 小时，两国贸易物流时间大幅缩短，每吨货物运输费用至少降低 100 美元。

目前，中巴经济走廊框架下有投资额达 44 亿美元的公路互联互通项目正在建设中。其中，喀喇昆仑公路升级改造二期项目于 2015 年 12 月签订商务合同，项目金额 13.15 亿美元。中国交建负责项目建设，计划用 42 个月的时间，在哈维连至塔科特间新建一条全长 120 公里、双向四车道（部分两车道）的高速公路及二级公路。喀喇昆仑公路升级改造二期项目已于 2020 年 7 月建成投入使用；该升级改造项目全长 118 公里，包括高速公路 39 公里，高等级公路 79 公里。此外，巴基斯坦国内主干公路互联互通项目也正加紧建设。如全长近 400 公里、由中国公司承建的卡拉奇至白沙瓦高速公路苏库尔到木尔坦段，首段 33 公里于 2018 年 5 月提前通车，全线在 2019 年 8 月建成通车。卡白高速建成后，极大改善了巴基斯坦南北两大重镇之间的交通状况，对中巴经济走廊的交通互联互通建设及沿线地区经济社会发展有重要的推动作用。

（三）中巴铁路互联互通尚存诸多难点

巴基斯坦的铁路早在 1861 年英国殖民时期就开始建设了，至 1947 年巴基斯坦独立时已基本建成联网。但独立后，由于地区冲突、经济发展不足等多种因素，其铁路建设长期停滞不前。目前，巴基斯坦国内铁路通车里程近 1.2 万公里，但电气化里程只有 3.8% 左右，而且只有约 2/3 的里程实际运营，这其中复线仅占 15%。设施滞后、设备老旧、机车短缺、运营不畅、财政困难等问题严重制约了巴基斯坦铁路系统发展。此外，该国铁路布局还存在南北失衡、东密西疏的缺陷，而且与中国、阿富汗尚无铁路连接，因此其依靠本国力量很难实现"巴铁梦"。

为适应新的发展需求并助推与周边国家的经济互动合作，进入 21 世纪以来，巴基斯坦政府对铁路的重视逐步加强。时任总统穆沙拉夫数次强调要加大对铁路基础设施的投入，其领导的巴政府制订了全国铁路网建设计划，准备投资 1.56 亿美元改造 2 083 公里铁路，实现国内 8 大城市南北向和东西向的互联互通。此外，还准备修建一条 940 公里的铁路，串联瓜达尔港和奎达，并进一步通向阿富汗南部城市坎大哈，从而形成以瓜达尔港为中转点联通南亚次大陆和印度洋的陆海大通道。如果加上目前已联通的巴伊铁路和印巴铁路，以及正在进行可行性研究和前期规划的中巴铁路，巴基斯坦在亚洲铁路网的枢纽地位呼之欲出（陈继东，2012）。无奈巴基斯坦国内政局出现动荡，国家财政实力和经济发展能力随之削弱，之前的铁路发展计划也被搁置下来。但即便如此，沿喀喇昆仑公路和东西线公路构建畅通的铁路网络，对巴基斯坦经济发展的重大意义却并未改变。正因如此，巴基斯坦之后历届领导人，均将中巴铁路项目列为未来发展的重要任务。

对中国而言，修建覆盖整个中巴经济走廊的中巴铁路网络对中国西部地区的对外开放具有极为重大的意义，由此形成的陆海大通道将破除中国西部地区不沿边、不靠海的地理劣势，降低内陆地区跨境贸易物流成本，成为面向欧亚大陆和印度洋开放的前沿。虽然短期内，中巴铁路的修建投资大、回报慢，但长期看，中国投资者将得益于中巴经济走廊陆海联通的带动效应，并得到合理的回报。

2011 年 9 月，中国政府首次在官方文件中提出"积极推动中巴铁路建设"。2015 年 4 月，中巴双方签署协议，共同推动开展巴基斯坦 1 号铁路干线升级改造前期工作，商定新建该线最北端的哈维连陆港，并将其纳入中巴经济走廊优先项目。作为巴基斯坦纵贯南北的铁路大动脉，全长超 1 700 公里的 1 号铁路干线可继续向北延伸经红其拉甫口岸连接新疆喀什，与中国铁路网联通。

目前巴基斯坦国内主要大城市之间均有铁路相连。巴基斯坦铁路始建于英殖民地时期，到 1947 年巴基斯坦独立时，铁路已经基本成网，即伊斯兰堡—白沙瓦—奎达—卡拉奇—苏库尔—拉合尔—伊斯兰堡的环状铁路，旁遮普省内支线铁路较为密集，但目前尚未联通至瓜达尔港的铁路。自 1947 年独立后，巴基斯坦的铁路系统升级力度不大，仍然沿用英制的窄轨，时速在 40~60 公里之间。此外，巴基斯坦铁路网络经卡拉奇与印度铁路相连，同时经奎达与伊朗扎黑丹相连，并通往西亚和欧洲。但目前巴基斯坦国内铁路面临基础设施老旧，缺乏资金升级，运营能力弱、亏损严重，时速慢、晚点频繁等一系列问题，导致铁路使用率逐年降低，已无法满足巴国内客货运输需要（陈继东 等，2011）。虽然中巴铁路在资金上能够得到亚投行、丝路基金等金融机构和中国政府的支持，但喀喇昆仑山脉地质结构极其复杂、气候环境极其恶劣、施工条件极其困难，无疑增加了铁路修建的技术难度，推高了工程成本。此外，巴国内对铁路线的规划争议不断。在谢里夫执政时，巴政府倾向于修建东线即自伊斯兰堡经信德省、旁遮普省至瓜达尔港的线路，但普什图省和俾路支省议会代表认为，该规划不利于西线两省的发展，反对按此规划修建中巴铁路。

此外，在城市轨道交通方面，2017 年 10 月 8 日，由中国铁路总公司与北方工业联合承建，被称为"橙线"的连接阿里镇与德拉古杰兰枢纽的轨道交通项目建成通车。该线路全长约 26 公里，总共停靠 14 站，全程运行 45 分钟，比公路交通节约近两个小时，每趟列车最多可承载 1 000 名乘客。

过去 10 年，中巴经济走廊项目中的道路基础设施领域共创造了 5.1 万个直接就业岗位，其中 4.8 万个岗位是专门为当地巴基斯坦人设立的。除此之外，基础设施项目还有望刺激巴基斯坦国内与建筑相关行业的发展，并吸引更多的外资。

（四）中巴主要港口相互联通、物流畅通

2013 年，瓜达尔港的运营权从新加坡企业的手中转移到中资企业手中。2016 年，瓜达尔港自贸区项目进入实施阶段，计划在 3～5 年内修建完成区内高速公路、防波堤、新机场等 9 个项目。目前，瓜达尔港在中方运营下已全面恢复作业，仓储、装卸及航运效率大幅提高。2018 年 3 月，瓜达尔港至中东的每周航运快线开通，结束了多年"船不多、线太少"的尴尬局面，并实现了与世界主要港口的互联互通。目前，中巴两国许多货物已经通过瓜达尔港与广州、香港、上海等港口进行往来。此外，由招商局、中信集团等央企参建的瓜达尔港自贸区投资 30 亿元人民币，提供 4G 移动网络信号，目前已有多家酒店、银行、保险、物流、家电组装等领域的中巴两国企业入驻这个园区。这些企业全部投产运行后，年产值有望超过 50 亿元人民币。2019 年 3 月，新瓜达尔国际机场举行奠基仪式，时任巴基斯坦总理伊姆兰·汗出席仪式，他感谢中国政府和企业为瓜达尔港快速发展做出的贡献，称赞瓜达尔港正在成为带动巴基斯坦发展的引擎。

此外，巴基斯坦最大的卡拉奇港与广州港、上海洋山港、天津港等中国主要港口实现了航道联通与物流往来，所形成的航线是目前中巴两国物资运输最重要的航线。

三、中巴经济走廊互联互通建设的机遇与挑战

(一) 中巴经济走廊互联互通建设迎来良好机遇

1. 中巴政治互信不断深化

巴基斯坦前总理伊姆兰·汗一直对共建"一带一路"倡议和中巴经济走廊建设秉持赞赏与支持态度。他在当选总理的第二天接受中国媒体专访时表示，中巴经济走廊为巴基斯坦国家发展提供了动能，为人民的生产和生活带来了利益。特别是在就业领域，发挥了无可或缺的重要作用（扎米尔，2018）。他也向前中国驻巴基斯坦大使姚敬申明，巴基斯坦政府将一如既往坚定支持中巴经济走廊建设，相信中巴经济走廊合作将为巴发展带来重大新机遇（人民日报，2018）。2018 年 10 月 30 日访华前夕，伊姆兰·汗接受巴基斯坦主流媒体采访时表示，中国的治理模式和发展路径既使中国克服了自身的短板，又使其获得了实实在在的增长，值得发展中国家借鉴（Radio Pakistan，2018）。伊斯兰堡国立科学技术大学中国研究中心教授扎米尔·阿万发表文章称，伊姆兰·汗访华将推动巴中两国友谊上升到新的高度，与中国领导人的会晤也将直接破除西方国家传播的谣言。11 月 2 日，中巴领导人在北京会面，双方商定进一步推进中巴经济走廊建设，致力于打造更紧更密的命运共同体（新华网，2018）。2019 年 4 月 26 日，伊姆兰·汗在北京出席"一带一路"高峰论坛时再次强调，"一带一路"倡导的原则是共荣共赢，承诺地区内和区域间的互利互惠，将有力促进全球经济共荣共进。作为"一

带一路"的标杆项目,中巴经济走廊建设对巴基斯坦经济发展和民生改善发挥了重要作用。他还重申,巴基斯坦将按承诺如期完成走廊在建项目。可以看出,中巴两国高层对中巴经济走廊建设具有高度共识,两国不断增强的政治互信为走廊基础设施互联互通营造了良好政治环境。

2. 形成多国共商共建共享发展局面

中巴经济走廊在过去几年的建设都是由中巴两国主导的,随着中巴经济走廊建设部分项目的相继落成,经济与社会积极效应的不断释放,巴基斯坦国际形象得到显著改善,对外资的吸引力大幅度提高,越来越多国家看好巴基斯坦的发展前景,希望参与中巴经济走廊建设。过去几年,中巴经济走廊建设基本是以中巴双方为主,但中巴经济走廊是一项多边的、开放的项目。中资企业将中方优质产能注入中巴经济走廊项目的同时,也在积极探索多边合作方式,如中国三峡集团与世界银行、澳大利亚雪山公司等的合作,为提高中资企业的国际竞争力和推进共建"一带一路"倡议下一阶段的工作积累了宝贵经验。

此外,中巴经济走廊建设带来的机遇,已逐步引起欧洲、中东等地多个国家的强烈关注。英国议会在 2018 年成立机构专门针对共建"一带一路"倡议和中巴经济走廊项目的研究,并为英国政府和企业提供参与、合作的平台。沙特阿拉伯、阿联酋、卡塔尔等国也不同程度地表达了参与中巴经济走廊投资的意愿。2019 年 2 月,沙特阿拉伯王储萨勒曼向巴方开出总额 200 亿美元的中巴经济走廊重大投资清单,其中包括以 100 亿美元在瓜达尔港建设炼油厂和石化综合体。对于这些合作意愿,中巴双方都持欢迎态度。随着第三方

185

合作的展开，中巴经济走廊已超出双边经济合作范畴，而逐步发展成为促进区域互联互通和多方互利共赢的国际跨区合作平台。中巴经济走廊发挥的地区经济增长"发动机"与区域一体化"助推器"作用也将更加明显（张耀铭，2019）。

3. 互联互通项目融资能力不断增强

从中巴经济走廊开工建设的 22 个基础设施项目融资情况分析，11 个能源项目加上瓜达尔港运行和自由区建设项目，计划总投资约 128 亿美元，其中 30 亿美元由中方企业自有资金直接投资，另外 98 亿美元来自亚投行、中国进出口银行、国家开放银行等金融机构贷款，综合利率约为 5%，还款期限为 12~18 年。此外，4 个重大交通基础设施互联互通项目由中国政府贴息担保，巴方综合贷款利率低至 2%，还款期限长达 30 年。从项目运营方式看，大多采用 BOOT 模式，企业投资的回报将主要来自项目运营后的收益和资产转让收益，并不会将债务转嫁给巴政府。

（二）中巴经济走廊互联互通建设面临诸多挑战

1. 巴基斯坦政府负债高、偿还能力弱

巴基斯坦财政赤字严重，外债负担沉重，持续为中巴经济走廊项目建设提供资金的能力严重不足。而缺乏能源、交通等必要的基础设施，以及巴基斯坦国内安全形势不容乐观，进一步阻碍了外国投资、产业发展和经济增长，财政困难问题无法得到有效解决，进而陷入投入不足的"死循环"。根据国际货币基金组织发布的数据显示，巴基斯坦在 2010 年至 2019 年间平均财政赤字率达到 6.3%，远超 3% 的国际警戒线。巴基斯坦政府收入难以偿还负债利息，只能通过"举新债偿旧债"的方法弥补赤字，但这种"寅吃卯粮"的做法导致巴财政状况进一步恶化。从 2022 年数据显示，巴基斯坦政府债务占 GDP 的比重达 89%，大幅超过 60% 的安全警戒线。而从吸引外资的情况来看，2022—2023 财年巴基斯坦 FDI 净流入 170 亿美元，资金来源排第一的是中国大陆，占比为 57%，单一依存度较高。如巴基斯坦国内安全形势、营商环境、腐败问题无法得到解决，其财政状况在未来依然非常严峻。2020—2023 年，由于疫情、严重洪灾、恐怖袭击加剧、美国加息以及国内政治权力更迭等因素的影响，巴基斯坦财政状况进一步恶化，外储几近枯竭，债务偿还能力被进一步削弱。

2. 巴基斯坦国内经济发展环境严峻复杂

第一，由利益集团博弈和管理体制弊端使政策落实难、项目难执行难，中巴经济走廊基础设施互联互通面临的挑战。首先，巴基斯坦国内政治掣肘。随着中巴经济走廊建设启动，巴基斯坦各党派虽能够就支持中巴经济走廊建设达成一致，但在具体项目推进过程中，党派间的博弈仍然阻缓了中巴经济走廊相关项目的推进效率，几乎每个项目的落地都要经过一番激励博弈。

第二，中央与各省及地方部落存在激烈的利益博弈。巴基斯坦国内对于中巴经济走廊基础设施互联互通项目在巴基斯坦国内部分的路线走向一直有不同声音。为了争夺新建道路带来的综合经济效益和特殊优势，开伯尔普什图赫瓦与俾路支两省坚持要走"西线"方案，而政府则侧重经过旁遮普省的"东线"方案。争议的焦点在于，要在目前经济发展程度最好的旁遮普省，继续加大道路基础设施方面的投资，因此引发了其他三省的不满。

第三，巴基斯坦的经济发展环境欠佳。世界银行发布的报告显示，巴基斯坦营商环境便利度在全球范围内长期处于末端区域。中巴经济走廊框架内的基础设施互联互通建设项目通常需要经过数十个部门的逐层审批，部门协调过程中存在极大的寻租空间，制约了中巴经济走廊基础设施互联互通建设。

3. 巴基斯坦国内安全隐患严重

澳大利亚智库经济与和平研究所发布的最新评估认为，巴基斯坦名列全球最易遭受恐怖主义袭击十个国家之一。巴基斯坦境内本身存在多个地方武装（刘向阳，2019），加上一些地方武装与一些恐怖组织存在模糊不清的关联，因此必须对巴基斯坦国内安全形势高度警惕。值得注意的是，目前中巴经济走廊许多施工地区正是恐怖袭击发生频率较高的区域。瓜达尔港正是位于分离主义严重的俾路支省，俾路支分离主义乱局往往被域外势力作为钳制中巴经济走廊建设的工具（张元，2019）。资料显示，2015 年，20 名工人在瓜达尔港附近的工地上被枪杀；同年，俾路支分裂主义者以瓜达尔港机场为目标，制造了炸弹袭击。2017 年，俾路支解放阵线袭击并摧毁了瓜达尔附近的一座中资移动通信公司的信号塔。2019 年 5 月 11 日傍晚，瓜达尔港一家五星级酒店遭遇恐怖分子袭击，在袭击中，有 4 名酒店工作人员和 1 名巴基斯坦海军士兵在阻拦恐怖分子过程中牺牲，3 名武装恐怖分子被全部击毙。虽然巴基斯坦军方成立了一支中巴经济走廊安保部队，部署多达 1.5 万名安全人员专职保护相关项目，但绑架、抢劫、汽车炸弹等各类安全事件仍层出不穷，而且形式有变化，地域在扩大，出现新特点，对瓜达尔港和整个中巴经济走廊建设的威胁有所增加。

4. 域外势力干预阻挠

第一，中巴经济走廊建设是共建"一带一路"倡议不可或缺的一环，在相对较大的地理空间持续推进这一跨区域合作项目，难免引起周边国家的戒心，甚至诱发其主动以地缘政治博弈的姿态介入。地缘关系的高度敏感性在中巴经济走廊基础设施互联互通的建设进程中存在被放大的可能，不排除引起周边地缘政治相关方的警惕甚至反制。首先，印度的警惕性相当高。印度在相当程度上认为中巴经济走廊建设是中国在南亚次大陆拓展影响力的工具，中巴经济走廊以及孟中印缅经济走廊互联互通程度加深，将不断抵消印度在南亚的影响力和控制力，而瓜达尔港项目更是中国在印度洋持续扩张的战略布局。印度方面一直认为，中巴经济走廊的通道建设穿越有争议的巴控克什米尔地区，对印度的领土完整造成了侵犯。虽然中印关系在"洞朗事件"和"加勒万河谷事件"后有所缓和，但印度政界不少人士仍然认为"一带一路"建设对印度的负面影响大于正面影响，印度也一直未做出参与共建"一带一路"倡议的承诺。印度也多次试图以提出抗议和在国际场合公开表达反对立场的形式，甚至借助俾路支省的反对力量来干扰中巴经济走廊基础设施互联互通。

第二，周边国家的竞争心态。中巴经济走廊建设将对原有的国际运输格局造成影响，尤其是瓜达尔港的投入运营，必然对迪拜港、恰巴哈尔等周边国家建成或在建港口造成一定程度的竞争乃至挑战。所以周边国家如伊朗、阿联酋表现出复杂的心态，或加强各自港口建设，或寻求国际合作，以削弱瓜达尔港的作用。2018 年 12 月印度经过持久谈判和争取，终于与伊朗达成协议，正式获得恰巴哈尔港的运营权，从而使印度建立从印度洋联通阿富汗和中亚的战略新通道，发挥对抗中巴经济走廊的作用和影响。

第三，大国地缘政治博弈。位于欧亚大陆"中心地带"的中巴经济走廊也是域外部分超级大国展开激烈地缘政治和战略博弈的核心地带。例如美国提出的"印太战略"就是要形成由美国主导的亚洲博弈格局，从而抵消中国和俄罗斯在该地区日益增长的影响力；作为美国盟友，日本也跟随美国向所谓的印太地区投放力量。美、日、印等国提出的各类倡议和计划与中巴经济走廊具有一定的相似之处，但美国显然还缺少具体的项目支撑。随着中巴经济走廊建设不断取得成效，美方日显焦虑，担心中国的互联互通计划将增大中国面向欧亚大陆和印度洋的影响力辐射，将大幅弱化美国在当地持续数十年的主导战略地位，所以不断鼓动西方媒体质疑或通过外交、经济、军事等多种方式实际阻挠中巴经济走廊互联互通建设。具体方法上，一是在规则上进行干扰，二是在道义上发难，三是拉拢盟友搞地理上的对冲。美国外交学者网站发文，抹黑中国是假借中巴经济走廊，实践"地缘政治抱负"。在中美贸易战背景下，美国保守主义刊物《国民评论》甚至污蔑中国设置"债务陷阱"，通过共建"一带一路"倡议让其他国家深陷"债务危机"。巴基斯坦政府发表声明予以反驳，称"这些言论往往是片面、歪曲事实的，某些势力要么不了解中巴经济走廊，要么出于无法言喻的动机"（环球网，2018）。

5. 基础设施互联互通有待加强

第一，中巴经济走廊框架内，中巴公路总体呈通而不畅局面，升级改造技术难度大。虽然目前喀喇昆仑公路升级改造工程一期项目已完工通车，二期项目正在加紧推进，但二期项目地质情况极为复杂，要跨越三大山脉以及帕米尔高原，升级改造工程建成后是否能够实现全年不间断通车，仍然存疑。第二，中巴铁路尚处于可行性研究阶段，同喀喇昆仑公路类似，由于地质条件复杂，投入金额巨大，目前资金、技术方案不成熟，仍未形成可实质推进建设的项目。第三，中巴油气管道虽然被中巴两国媒体多次提及，双方有所探讨并有意愿建设，但尚未达成具体协议，形成可实施规划，进入实质性推进阶段。第四，中巴两国电网及电信基础设施的互联互通项目尚未规划，需下一步提上议事日程，双方加紧磋商，并达成协议，展开可行性研究。

四、加快中巴经济走廊互联互通建设的对策建议

中巴经济走廊建设，有利于找到双方的利益汇合点，构筑中巴两国"命运共同体"，优化中国西部经济结构和开放格局，并有效促进巴基斯坦的经济增长；有利于进一步增进中巴两国民心相通；有利于撬动南亚次大陆更大范围的合作，结束中亚与南亚背向发展的局面；有利于推动全球的经济增长与共同繁荣，以一种合作共赢的方式定义未来发展方向。过去10年来，中巴经济走廊建设虽然收获了一批早期项目，并在应对防范风险方面积累了丰富的经验，但面对新的形势、新的问题和新的挑战，中巴两国政府必须深化合作，未雨绸缪，制订相应的对策，从而降低传统及非传统安全风险对中巴经济走廊互联互通建设可能构成的影响，保障中巴经济走廊建设的可持续发展。

（一）推进双方部省层面政府工作联席会机制

第一，加强高层交流，建立高效合作机制。2017 年 12 月发布的《中巴经济走廊远景规划》为中巴经济走廊基础设施互联互通建设提供了基本遵循。2018 年 11 月至 2023 年 10 月，中巴领导人相继进行了多次会晤，双方密切的互动，不断提升和巩固政治互信水平。两国要进一步完善中巴经济走廊工作联席会机制，加强部级层面的沟通和协作，完善与此相关联的产业、能源、投融资以及法律、反恐等合作机制，积极发挥丝路基金等新兴跨境投融资作用，推动中巴双方基础设施互联互通格局更大、范围更广、效率更高。此外，中巴经济走廊部级联席工作机制的建立，要确保已规划和在建基础设施互联互通项目按照计划进度抓紧推进、建成完工并投入运营。

第二，推进中巴双方省级层面地方合作，夯实合作基础。目前，中巴经济走廊建设中央政府沟通协调良好，但省级层面交流还不够密切，民间交往也不够频繁。今后应大力推动基于中巴经济走廊框架的中巴两国省际交流与合作，省与省"结对子"。在共建"一带一路"倡议下，要积极推进构建中国东部沿海发达省份与巴基斯坦西部欠发达省份的合作机制，推动双方政务、人文、教育领域的接触与合作，组织巴方人员赴华参观、交流、访问，增进相互了解。同时，要深化中巴双方省际经贸与产能合作，尤其要通过"互联网+"战略，在加强中巴通信基础设施互联互通的同时，发展中巴跨境电商，增强巴基斯坦水果、牛羊肉等特色产品的对华出口，缓解巴方贸易逆差。此外，中方政府可组织开展对口职业技术培训，为中巴经济走廊沿线企业培养技术人才，把解决当地就业作为中巴经济走廊具体项目获得支持的必要条件。今后中巴经济走廊建设项目，要立足于"师带徒"的方式，除少数"中国师父"外，绝大多数建设岗位由巴基斯坦本国专业人员担任，以促进巴基斯坦国民就业。

（二）加强中巴两国基础设施互联互通的规划制订与对接

在中巴经济走廊框架内，中巴两国交通、电力、油气能源、电信等负责部门要按照中巴经济走廊工作联席会机制进一步加强协作，细致排查目前中巴两国公路、铁路、电力、油气管道、电信基础设施的未联通、联而未通、通而不畅的情况。首先，对已有规划且正在实施的项目要按进度抓紧落实、推进，如中巴公路、中巴经济走廊部分电网和发电站项目；其次，对已有规划但尚未实施的项目要制订项目推进路线图，并针对项目总规完善、形成金融、技术、工程的子方案，在双方协商通过后，按规划方案执行，如中巴国际铁路项目等；第三，对未形成规划的项目要尽快推动开展前期可行性研究，并制订项目投融资、经营模式、地质勘探、工程技术和项目推进的一揽子解决方案，遵照中巴经济走廊工作联席会机制协商通过后，尽快签订协议，并推进实施，如中巴油气管道联通、中巴电信基础设施联通、中巴电网联通项目等。

（三）进一步构建多国参与共建共享共赢的开放格局

第一，从双边项目到多边参与，开创合作共赢局面。随着中巴经济走廊建设部分项目示范效应逐步显现，越来越多第三方国家看好中巴经济走廊的发展前景，希望参与中巴经济走廊建设。随着更多第三方加入这一合作，中巴经济走廊基础设施互联互通建设的影响范围将拓展到更大的区域，促进更多相关方互利共赢。沙特在加入中巴经济走廊后，要继续发挥其在中东地区，乃至全球的示范效应，形成多方参与的共建共享共赢机制，构建多方参与的良好氛围，促进更多国家和地区参与到中巴经济走廊建设中，使中巴经济走廊成为推动区域经济增长的"发动机"与区域一体化"助推器"，成为全球带动脱贫的典范。

第二，推动中巴经济走廊建设与邻国发展计划对接，实现互联互通和合作共赢。首先，中巴双方应积极推动中巴经济走廊建设与周边国家和地区发展规划的对接，推进交通、能源、电力等领域的基础设施全方位互联互通。其次，加强区域内港口合作，尤其是瓜达尔港和伊朗恰巴哈尔港的合作。伊朗已明确表示，希望打通从瓜达尔港到伊朗港口的连接线，并将瓜达尔港自贸区建设发展经验复制到恰巴哈尔港。再次，在上合组织框架内，尤其是在美国与中国、印度产生贸易摩擦的背景下，中国要加强与印度的合作和沟通，强化中印贸易、产能合作，深入推进中印巴在地区反恐和国家安全方面的合作，并进一步同印度沟通中巴经济走廊作为经济合作框架的定位，为中巴经济走廊建设创造更为有利的外部环境，减少外部干扰。

（四）加强正向宣传引导，营造良好舆论氛围

中国政府以及中方参与中巴经济走廊基础设施互联互通建设项目的企业，要在中巴两国主流媒体加强宣传、解疑释惑、以正视听。中巴经济走廊建设自提出以来，就被西方媒体和反对中巴经济走廊

的组织贴上"债务陷阱""新殖民主义"等标签。美国要求国际货币基金组织和世界银行切断对中巴经济走廊项目的贷款和其他资金计划。所有这一切都要求中巴双方联合起来，在中巴两国主流媒体上，讲清楚中巴经济走廊资金来源、资金成本、投资结构、资金用途和偿还方式等，并通过持续讲述相关故事，介绍中巴经济走廊基础设施互联互通项目为巴基斯坦经济发展、民生就业、社会进步做出的正面贡献和带来的积极意义，对抹黑中巴经济走廊建设的言论进行坚定反击，讲事实、摆道理，以正视听。

（五）防控互联互通基础设施的投资风险

作为中巴经济走廊基础设施互联互通建设投资的主体，中资企业和中方金融机构要按照审慎原则，对中巴经济走廊基础设施互联互通项目谨慎评估，甄别风险，做好投资风险防控。第一，中资企业与金融机构要做好中巴经济走廊互联互通项目的前期尽职调查，建立适当的财务风险、安全风险、突发风险、建设风险和运营风险的"五大风险"预警管控机制，提升应对能力。第二，中资企业要遵守巴基斯坦国内相关法律、市场文化和相关规则，诚信合规运营，并尊重当地宗教文化。在参与中巴经济走廊互联互通项目建设过程中，中资企业应积极融入当地社区、创造本地就业、聘用在地员工；也可适当参与一些扶贫项目，提升中资企业在巴基斯坦的社会形象。第三，应建立项目信息披露机制，多渠道、多办法积极回应各方关切。

第八章　中国西部地区面向中国-中亚-西亚经济走廊建设的对外开放

中国-中亚-西亚经济走廊是丝绸之路经济带的重要组成部分，也是《推进共建丝绸之路经济带和 21 世纪海上丝绸之路的愿景与行动》中明确提出要打造的走廊之一。该走廊东起中国，向西经中亚至阿拉伯半岛，整个走廊沿线有 23 个国家，贯通亚洲、欧洲、非洲三大洲，沿线国家拥有全球 18% 以上的 GDP、13% 以上的国土面积和 18 亿人口。中国-中亚-西亚经济走廊是以能源通道为重要突破口的一条经济走廊，是中国—中亚石油管道和天然气管道的必经之地。中国-中亚-西亚经济走廊的建设，对中国西部地区扩大对外开放和沿线各国经济社会发展具有重要意义。

一、中国-中亚-西亚经济走廊建设的意义与机遇

（一）中国-中亚-西亚经济走廊建设的意义

中国-中亚-西亚经济走廊是我国与"一带一路"沿线国家积极共建"一带一路"的六大经济走廊之一（潘志平，2016）。该走廊的建设具有重要意义。

一是有利于我国构建以共建"一带一路"倡议为主要内容的国

际大循环。在"一带一路"六大经济走廊中，中国-中亚-西亚经济走廊途经的国家最多，达到了 23 个。该经济走廊涉及的国家矿产资源和油气资源储量丰富，是全球最为重要的能源输出地，也是中国的重要能源进口集中地区，也是中国突破美国封锁，由西亚霍尔木兹海峡、曼德海峡通往大西洋、印度洋的重要通道。因此，该经济走廊是我国参与国际大循环的重要举措，有助于我国西部地区更好地参与国际大循环，构建国内国际双循环互促发展格局。

二是有利于我国携手各国构建人类命运共同体。和平与发展是当今世界的主流，随着中国-中亚-西亚经济走廊的提出和建设实施，各国可通过加强顶层设计，着力解决经济走廊建设过程中面临的问题与挑战，推动更大范围、更高水平、更深层次的合作，努力开创区域经济一体化和区域合作的新格局，最终在各个层面打造包括政治互信、经济融合、文化包容、生态共享、健康卫生相协调的利益共同体、责任共同体、安全与发展共同体和命运共同体。

（二）中国-中亚-西亚经济走廊建设的机遇

一是中国与各国形成合作共识。在习近平总书记提出丝绸之路经济带构想和六大经济走廊的同时，中亚、西亚地区的地区形势呈现出向好的态势。以中亚为例，乌兹别克斯坦总统米尔济约耶夫执政后，先后出访其他中亚国家，极力改善与其他中亚国家的外交关系。随后，乌兹别克斯坦召开独立以来的首次中亚地区国家领导人工作会晤，采取独立、自主、协商的方式讨论本地区问题，并形成了常态化机制，这为减少中亚地区一直以来存在的冲突奠定了良好的基础。在中亚地区形势日趋好转的形势下，习近平总书记提出

21世纪陆上丝绸之路经济带，契合了中亚国家的发展方向和选择，因此各国参与度较高，并逐渐成为中亚国家的共识。

二是沿线国家发展战略契合度高。政治互信是开展区域合作、经济走廊建设的重要基础。自古以来，中国和中亚、西亚各国就通过"丝绸之路"互通有无，相互间的交流合作极为频繁。中国与中亚三国接壤，边界冲突和争端较少，早在20个世纪90年代就通过谈判解决了边界问题，相互之间形成了友好合作的睦邻关系。中国通过与中亚各国签订友好合作协议和备忘录，为开展友好合作奠定了良好的基础。西亚多国也较早与中国建立了战略合作关系（黄晓燕 等，2018）。随着丝绸之路经济带的提出，中国和中亚、西亚各国的互动日益增多。2008年，中国、土耳其、伊朗等在内的19国共同签署了"丝绸之路复兴计划"意向书，通过改善古丝绸之路的基础设施重新激活沿路各国之间的经济贸易往来，这为共建"一带一路"倡议实施奠定了良好的基础。在中国提出共建"一带一路"倡议后，2014年哈萨克斯坦制定了"光明之路"的新经济政策，通过基础设施的更新和建设刺激经济发展，并且专门召开"哈萨克斯坦的今天与明天"圆桌会议，讨论如何对接共建"一带一路"倡议与哈萨克斯坦的"光明之路"。土耳其依托自身优越的地缘优势、经济优势、发展需求，提出了"中间走廊"倡议，该走廊将进一步强化土耳其与其他西亚国家之间的友好关系，"中间走廊"将为共建"一带一路"倡议的推进奠定良好的基础。此外沙特阿拉伯"2030愿景"、塔吉克斯坦"能源、交通、粮食三大发展战略"、科威特"2035国家愿景"规划等都与共建"一带一路"倡议具有较高的契合度。因此，在共建"一带一路"倡议提出后，中亚、西亚各国的参与积极性都非常高（见表8-1）。相同的战略取向，为中国-中亚-西亚经济走廊建设奠定了良好的基础。

表8-1 中国与走廊沿线国家建立的合作关系

与中国建立全面战略合作关系的国家	哈萨克斯坦、乌兹别克斯坦、沙特阿拉伯、伊朗
与中国建立战略合作关系的国家	吉尔吉斯斯坦、阿富汗、土库曼斯坦、阿联酋、约旦、卡塔尔、塔吉克斯坦

三是沿线国家存在巨大合作空间。比较优势是推动区域合作的重要基础，中国与中亚、西亚各个国家在经济社会发展上有多重合作空间。从中亚、西亚各国的发展战略看，各国根据其资源禀赋的不同，确定了不同的发展战略（见表8-2），可多方位寻找与中国的合作空间。以哈萨克斯坦、土库曼斯坦等为代表的资源密集型产业发展战略国家，依托自身丰富的石油、天然气、有色金属等资源优势，大力发展资源开采型产业，能够很好地满足中国对能源和资源的需求。中国是世界第二大石油消费国，原油的对外依存度高达70%以上。中亚、西亚各国能源资源丰富，西亚的石油占全球总储量的60%以上，号称"世界石油宝库"，而中亚则被誉为"21世纪的能源战略基地"，因此，中国-中亚-西亚经济走廊的建设将为中国提供充足的石油供应渠道。虽然中亚、西亚国家资源出口量大，但是其轻工业和农业普遍发展滞后，食品和生活用品自给自足能力差。中国具有完整的工业体系和产业体系，能够为这些国家提供物质保障。因此，中国和中亚、西亚各国之间存在发展战略和发展水平的差异，有巨大的合作空间。

表 8-2　中亚、西亚各国发展战略及其特点

发展战略类型	代表国家	特点
资源密集型产品出口战略	哈萨克斯坦、土库曼斯坦、伊朗、阿曼等国	出口本国具有资源禀赋优势的石油、天然气、有色金属等，但是轻工业等发展滞后
进口替代为主、资源出口为辅	乌兹别克斯坦	提高产品自给自足能力，提高优势资源竞争力
发展过境贸易战略	吉尔吉斯斯坦、土耳其	缺乏良好资源基础，主要依托优势产业、区位优势和基础设施等条件，发展过境贸易
经济多元化发展战略	乌兹别克斯坦、土库曼斯坦、阿联酋、卡塔尔等	产业结构多元化，经济结构相对合理

二、中国-中亚-西亚经济走廊互联互通建设的现状

（一）战略合作进一步紧密

中国-中亚-西亚经济走廊涉及不同经济体制、不同政治体制国家间的合作，且中亚、西亚国内国际环境错综复杂，良好的政策沟通交流是推进中国-中亚-西亚经济走廊顺利建设、取得成效的重要基础。

一是建立高层互访合作机制。在丝绸之路战略和中国-中亚-西亚经济走廊战略提出后，中国与走廊沿线各国高层之间互访频繁，高层互动有效推进了各国顶层设计方案及政策的沟通对接（王颂吉等，2016）。2014 年，习近平主席出席中阿合作论坛第六届部长级会议时倡导构建中阿"1+2+3"的合作格局，全面加强中国与阿拉伯国家之间的合作，这为构建中国-中亚-西亚经济走廊奠定了良好

的基础。2015 年，习近平主席在会见乌兹别克斯坦总统卡里莫夫时指出：中乌经贸合作发展潜力巨大。双方要加强发展战略对接，以中乌攻坚丝绸之路经济带的合作文件为基础，制订合作路线图，确定早起收货项目，共同实施。高层互动从顶层为中国和中亚、西亚各国在政治、经济、人文等方面的全面合作奠定了良好基础，也为推进中国与各国的长期合作提供了预期。

二是搭建了各类合作平台。依托上海合作组织、亚洲相互协作和信任措施会议、欧亚经济联盟、中亚合作论坛、中国—阿拉伯国家合作论坛等平台和载体，中国与中亚、西亚各国开展积极交流和合作，形成了诸多合作成果。此外，我国多个企业在中亚、西亚各国建立了多个合作园区（见表 8-3、表 8-4）。

表 8-3　中国-中亚-西亚经济走廊已有合作平台和载体

平台和载体	概况
上海合作组织	2001 年成立，是哈萨克斯坦、中国、吉尔吉斯斯坦、俄罗斯、塔吉克斯坦宣布成立的永久性政府间国际组织
中国—阿拉伯国家合作论坛	2004 年成立，巩固和拓展了双方在政治、经贸、科技、文化、教育、卫生等诸多领域内的互利合作
中国—海合会	1981 年成立的海合会包括沙特阿拉伯、科威特、阿拉伯联合酋长国、卡塔尔、阿曼和巴林 6 国，是海湾地区重要的政治经济组织。中国—海合会于 2010 年 6 月举行首轮战略对话
中亚区域经济合作	1996 年成立，成员国包括中国、阿富汗、阿塞拜疆、哈萨克斯坦、吉尔吉斯斯坦、蒙古国、巴基斯坦、塔吉克斯坦、土库曼斯坦、乌兹别克斯坦和格鲁吉亚
欧亚经济联盟	成立于 2015 年，成员国包括俄罗斯、哈萨克斯坦、白俄罗斯、吉尔吉斯斯坦和亚美尼亚，联盟成立目标是在 2025 年前实现联盟内部商品、服务、资本和劳动力自由流动

表8-3(续)

平台和载体	概况
亚洲相互协作与信任措施会议	有关安全问题的多边论坛，其宗旨是通过制订多边信任措施，加强对话与合作，促进亚洲和平、安全与稳定，现已制订军事政治、新威胁新挑战、经济、生态、人文五大领域信任措施
亚洲合作对话	成立于2002年，唯一面向全亚洲的官方对话与合作机制
中国—亚欧博览会	2011年成立于原乌鲁木齐对外经济贸易洽谈会，是中国依托新疆向西开放的重要平台和载体，将推动中国与东亚、西亚、南亚和欧洲各国全方位、多领域的经贸合作
中国—阿拉伯博览会	由中国主办的国家级、国际性综合博览会，是中阿共建"一带一路"的重要平台，在宁夏举办

表 8-4　已通过确认考核的境外经贸合作区名录

1	巴基斯坦海尔—鲁巴经济区	海尔集团电器产业有限公司
2	吉尔吉斯斯坦亚洲之星农业产业合作区	河南贵友实业集团有限公司
3	乌兹别克斯坦"鹏盛"工业园	温州市金盛贸易有限公司

三是取得了战略合作成果。通过各种高层互访和对接、平台和载体的搭建，中国-中亚-西亚经济走廊战略合作成效显著。为推进经济走廊建设和《中亚区域运输与贸易便利化战略（2020）》运输走廊建设中期规划有序实施，上海合作组织成员国于2014年签订了《政府间国际道路运输便利化协定》《中哈俄国际道路临时过境货物运输协议》，为推动跨境运输奠定了良好的政策基础。2015年中国和土耳其签署了《关于将"一带一路"倡议和"中间走廊"倡议相衔接的谅解备忘录》，为中国和土耳其后续合作奠定了良好基础。2022年是中国和中亚五国建交30周年，2022年1月17日中国—中亚经贸合作论坛以视频方式举行，发布了《关于中国中亚经贸合作

高质量可持续发展的联合倡议》，未来将在贸易、投资、数字、绿色合作等方面进一步深化合作。

（二）基础设施进一步畅通

基础设施建设是推进经济走廊建设的重要现实基础。只有畅通的交通、完善的能源管道，才能推动各类资源要素在中国和中亚、西亚各国之间顺畅流动。在交通、能源等基础设施建设上，中国-中亚-西亚经济走廊取得了重大的成就，一大批公路、铁路、港口、机场等基础设施项目开工、建成、投运，各种跨国班列、跨国物流等国际运输服务网络逐步完善。

一是交通基础设施互联互通。中亚、西亚各国交通基础设施历来薄弱，存在众多缺失路段和瓶颈路段，难以实现互联互通，这成为制约中国-中亚-西亚经济走廊建设的短板。据统计，中国的公路密度是土库曼斯坦的 17.1 倍，吉尔吉斯斯坦的 2.9 倍。在中国-中亚-西亚经济走廊提出后，中亚、西亚各国更加重视交通基础设施互联互通建设，如乌兹别克斯坦通过了《2015—2019 年道路运输基础设施发展纲要》，塔吉克斯坦制订了《塔吉克斯坦 2021—2025 年国家交通设施发展专项规划》。此外，中国充分发挥自身在交通基础设施建设方面已有的成熟经验，大力改善中亚、西亚地区的交通基础设施建设。为改造提升中亚、西亚道路基础设施，中国积极投资中亚、西亚道路建设，近年来对外承包合同营业额逐年上升；同时，与乌兹别克斯坦签署了《关于加强基础设施建设合作的谅解备忘录》《中国与乌兹别克斯坦政府国际道路运输协定》等，共同推进道路基础设施建设。中国在塔吉克斯坦修建了塔—乌公路、哈特隆隧道、亚湾—瓦赫达特铁路隧道等交通基础设施。

二是能源基础设施衔接互通。中亚地区石油、天然气资源禀赋优势明显，能源领域是中国和中亚、西亚各国的合作重点，这使得能源基础设施建设非常重要。《推动共建丝绸之路经济带和21世纪海上丝绸之路的愿景与行动》明确指出：要加强能源基础设施互联互通合作，共同维护输油、输气管道等运输通道安全，推进跨境电力与输电通道建设，积极开展区域电网升级改造合作。在中国同哈萨克斯坦一期、二期原油管道，中国—中亚天然气管道A线、B线、C线建设之后，中国—中亚D线天然气管道开工建设，这是中国–中亚–西亚经济走廊提出后，中国在中亚地区实施的第一个重大战略投资项目，同时也是中国同中亚国家加强能源合作的重大工程（杜尚泽 等，2014）。四条线路全部建成投运后可满足中国同期天然气需求量的15%以上。此外，在电力基础设施方面，安格连火电厂和杜尚别2号热电厂一期、二期均投运。华为与哈萨克斯坦电信公司合作建设覆盖哈萨克斯坦全境的4G通信网络，江苏连云港中哈国际物流基地等项目也进一步加强了中国和中亚、西亚各国的联系（魏有为，2019）。

（三）贸易投资更加便利化

贸易投资便利化程度的提升能显著促进各经济体之间的进出口贸易流量与经济福利的提高（王中美，2014）。贸易投资便利化是构建开放型经济的必然要求，也是中国–中亚–西亚经济走廊建设成效的重要体现。市场准入、市场规模、基础设施、法律法规、营商环境、海关效率等影响着贸易投资便利化程度（汪泰 等，2020）。中国-中亚-西亚经济走廊提出后，中国同西亚、中亚各国的贸易投资便利化程度不断提高，体现在多个方面。

一是贸易投资便利化程度提升。中国-中亚-西亚经济走廊提出后，各国为了推动与中国的贸易投资，出台了多项法律法规。如哈萨克斯坦 2019 年出台了《关于涉及营商环境和商业活动管理的部分法律进行修订补充的法案》《关于加强哈萨克斯坦吸引外资工作的决议》，不断改善自身营商环境。中国正加速与西亚、中亚各国建设自由贸易区，与格鲁吉亚签订了自贸协定，成为中国-中亚-西亚经济走廊提出后的首个自贸协定，还积极与以色列、巴基斯坦协商设立自贸区。设立自贸区，明确市场、金融、竞争规则，将为商品和货物在中国和中亚、西亚各国自由流动创造良好的条件。此外，中国还与多国签订了合作备忘录、经贸协定等合作文件。从 2017 年 1 月 1 日起，中哈海关联合监管在中国和哈萨克斯坦所有公路口岸全面推行，实行电子传输、单证互认、一次通过，提高了通关效率（魏有为，2019）。

二是贸易往来更加密切。中国-中亚-西亚经济走廊的建设，本质上就是中国和西亚、中亚各国市场更加开放、贸易更加便利的过程。随着经济走廊的建设，霍尔果斯国际贸易中心等通关通道和边境口岸成为中国同中亚、西亚各国开展贸易往来的重要枢纽。自建交以来，中国同中亚五国的贸易额从 1992 年的 4.6 亿美元增至 2020 年的 386 亿美元。30 年来，中国对中亚五国的直接投资存量超 140 亿美元。

以哈萨克斯坦为例，中国是哈萨克斯坦第二大出口国和进口国。同时中国也同各国形成了各具特色的贸易内容，如 2019 年中国向哈萨克斯坦出口的前三大产品依次为机电产品、贱金属、塑料和橡胶，进口的前三大商品依次为矿产品、贱金属、化工产品。而向土耳其进口的前三大商品依次为矿产品、化工产品、机电产品，出口的前三大产品依次为机电产品、纺织品及原料、化工产品。其他中亚、西亚国家主要进出口产品如表8-5所示。

表8-5　中亚、西亚部分国家对中国的主要进出口产品

国家	对华出口的主要产品	对华进口的主要产品
哈萨克斯坦	机电产品、贱金属、塑料和橡胶等	矿产品、贱金属、化工产品
塔吉克斯坦	矿砂矿渣、棉花、生皮及皮革、食用水果及坚果等	服装、鞋类、机械设备、几点、音响设备、车辆及零配件等
以色列	电子元器件、检测设备、化学制品、金属制品、钻石等	电子设备、纺织品、金属制品、化学制品、家具及室内装修材料等
土耳其	矿产品、化工产品、机电产品等	机电产品、纺织品及原料、化工产品等
阿联酋	能源和原材料为主	机电产品、纺织服装产品、电器及电子产品、核反应堆、锅炉、机械器具、贱金属制品等

（四）资金融通更加便利

资金融通的便利度是衡量一个国家和地区投资环境的重要指标，也是中国-中亚-西亚经济走廊建设的重要支撑。在经济走廊提出后，中国与中亚、西亚各国的金融往来更加密切。通过金融机构之间的合作，扩大中国与中亚、西亚各国货币在贸易、投资中的使用规模，有助于加大对各类重点项目金融支持。金融服务体系的完善为中国-

中亚-西亚经济走廊建设创造了稳定的融资环境，为各类重大项目建设提供了资金保障。

一是成立亚洲基础设施投资银行。在亚投行产生之前，受制于自身经济总量、信用等级、还贷能力等因素，中亚、西亚各国想从国际金融机构获得基础设施资金支持难度较大，加之基础设施建设的建设和回报周期长、回报率低，投资者的信心不足。由中国倡导成立的亚投行，针对中国-中亚-西亚经济走廊中的基础设施建设短板，能够有效解决上述问题。目前，亚投行成员国共有104个，截至2022年年底，亚投行已经批准了30多个国家的221个贷款或者投资项目。这些项目多数集中在能源基础设施和交通基础设施领域，有效弥补了中国-中亚-西亚经济走廊建设过程中的短板。通过吸引国际投资、私人投资加入中亚、西亚各国和跨境基础设施建设，为地方实现互联互通奠定了金融基础。

二是资金往来合作更加密切。按照资金融通度指标体系（见表8-6）衡量，目前中国与中亚的哈萨克斯坦，与西亚的巴基斯坦、阿联酋的资金互联互通水平位居前列（杨道玲 等，2018），人民币的影响力不断增大。随着我国与中亚、西亚进出口贸易的增加，伊朗、土耳其、哈萨克斯坦等国已经使用人民币进行贸易结算。2018年，中亚地区跨境贸易人民币结算金额已达到39.94亿元（陈艳红 等，2018）。同时，资金往来的途径也更加多元化。如在石油领域与伊朗、阿联酋使用人民币结算。依托主权财富基金，中国和阿联酋成立联合投资基金，用于支持清洁能源发展。2015年卡塔尔成立了中东地区首个人民币结算中心，2020年哈萨克斯坦人民币交易量比2019年增长240%，而同期美元、欧元、卢布的交易量均呈现下降趋势，人民币在中亚地区的影响力快速提升。

表8-6　"一带一路"资金融通度评估指标体系

金融合作进展	双边本币互换	反映双边货币互换的便利化程度
	亚投行参与	反映双边金融合作的潜力和水平
	双边货币结算	反映人民币跨境结算覆盖情况
金融支撑环境	人民币跨境支付系统	反映人民币跨境支付通道的建设情况
	银行海外分布	反映中资银行在该国的金融服务水平
	金融监管合作	反映两国在金融监管方面的政策协调及信息共享水平
	保险保障	反映中国保险业务的海外拓展情况

（五）民心相通进一步加深

民心相通是中国-中亚-西亚经济走廊建设的社会基础，能够推动经济走廊的多元化发展。

一是民心相通呈多元化发展趋势。陕西与中亚的民心相通主要围绕人文交流、古迹保护、艺术交流三个方面开展，陆续成立了丝路文化交流中心、丝路收藏品交易中心、国际汉唐学院等，举办了丝路商旅文化博览会、丝路国际艺术节、丝路国际电影节等文化活动（"一带一路"沿线国家文化交流课题组，2021）。在抗击新冠病毒感染疫情期间，中国与中亚、西亚各国的合作交流也从未中断。在中国最初发生疫情之时，中亚各国联合支持中国抗击疫情，在中国抗击新冠疫情取得重大胜利后，中国反过来为中亚提供抗疫支持和帮助。民众成为抗击疫情的最大受益者和感受者，双方合作的人民基础进一步提高。2020年7月，"一带一路"智库、兰州大学

"一带一路"研究中心和中联部当代世界研究中心以视频连线方式，召集来自中亚、西亚地区 6 个国家和中国的 20 余位专家学者为"一带一路"高质量发展出谋划策。

二是中国的文化影响力不断提升。文化交流能打破中国-中亚-西亚沿线各国民众之间的心理隔阂，包括民族恩怨、利益冲突、文化摩擦、宗教冲突等，推动文化的双向交流，这是民心相通的重要内容（张欣，2019）。随着中国-中亚-西亚经济走廊的建设，中国不仅在贸易投资领域举足轻重，在文化领域对中亚、西亚各国的影响力也在不断提升。随着中国经济崛起并成为世界第二大经济体，许多中亚、西亚留学生到中国学习，使中亚、西亚各国出现了"中国热""汉语热"，在哈萨克斯坦新建了多所孔子学院，中国和中亚各国通过艺术、教育、卫生等方面的合作，举办各种文化节、艺术节，以文化为纽带不断加强各国民众间的联系。

三、中国-中亚-西亚经济走廊互联互通建设的风险 与挑战

中国-中亚-西亚经济走廊是重要的能源通道，但其涉及的 23 个国家国情和制度差距较大，其军事、文化、宗教等差异也较大，经济走廊的高水平建设也面临着较大的风险和挑战。主要表现在以下几个方面。

（一）沿线国家政局和地缘政治复杂

中国-中亚-西亚经济走廊沿线各国政治局势动荡，战争和冲突不断。伊拉克、伊朗、叙利亚、也门等国都饱受战争和动荡，土耳其在 2016 年发生军事政变后几乎每月发生一起恐怖袭击。阿富汗政局不稳，正处于重要过渡转型期，尽管阿富汗塔利班临时政府接管了全国的安全防务，但国际社会普遍对阿富汗安全局势表示担忧。目前阿富汗国内安全形势未得到明显改善，极大影响了国际社会的投资和贸易。乌兹别克斯坦的社会安全位列中亚五国倒数第二，其中人口增长、宗教极端主义、恐怖主义是导致社会安全问题的重要影响因素。此外，各国之间也存在诸多冲突，如哈萨克斯坦和乌兹别克斯坦因为地区主导问题长期争夺，中亚五国之间领土边界问题长期不能达成一致，长期存在边界冲突。西亚 17 国由于涉及国家较多，地缘问题、宗教问题、领土边界问题更加复杂，大规模战争隐患长期存在。加之恐怖主义威胁的叠加，中亚和西亚国家缺乏稳定的社会发展环境（见表 8-7）。

表 8-7　中国-中亚-西亚经济走廊沿线部分国家投资的潜在风险

国家	潜在风险
土库曼斯坦	①对外中立政策，中国企业在土投资易受土对外政策影响；②政府对企业干涉较多；③法律法规不健全，随意性较大
阿富汗	①政局不稳，安保成本高；②法律法规不健全，办事成本高；③基础设施落后，运输成本高；④金融环境差，融资难
巴基斯坦	①安全形势严峻，恐袭频发，特别针对中巴经济走廊项目，企业和人员的被袭击风险上升；②政治风险高

表8-7(续)

国家	潜在风险
土耳其	①政治风险及地区安全风险,"东突"分子每年举行示威活动;②受政治经济等外部因素影响大,外汇风险较高;③土耳其在控制外来劳务方面实行相对较严的政策,外国人员需要先获得其劳工部颁发的工作许可才能到土耳其工作,或者先获得土耳其长期居留许可
伊朗	①美国制裁风险及附带问题;②公司注册文件繁多,注册程序复杂,审批时间较长;③由于支付途径不畅、信息不对称、语言文化差异等,伊朗企业贸易纠纷高发
哈萨克斯坦	①赴哈萨克斯坦签证办理难是影响中哈经贸发展的突出问题;②行政效率低;③法律法规滞后,随意性较大

资料来源:对外投资合作国/地区指南。

(二) 经济发展差距和经济波动较大

中亚和西亚各国经济发展差距较大,受经济总量影响的经济波动也较大。从经济总量看,在中亚和西亚 22 个国家中,土耳其的经济总量最大,2022 年 GDP 达到了 9 060 亿美元,而最少的吉尔吉斯斯坦仅有 109.33 亿美元,经济总量最大的土耳其是经济总量最少的吉尔吉斯斯坦的 93 倍。西亚 17 国的产油国和非产油国之间产业结构差异较大,非产油国产业结构单一、经济总量偏低,而产油国经济结构多元化趋势明显,在石油为主导产业的基础上,不断延长产业链形成了完整的石油产业链。石油产业带来了经济总量的攀升,进而石油国金融业发达,但石油国也易受国际能源价格波动影响。从人均 GDP 看,各国之间差距极大,人均 GDP 最高的卡塔尔 2022 年达到了 82 887 美元,而最低的阿富汗仅有 508 美元。从经济增速看,2019 年无疫情影响下,GDP 增速最高的是塔吉克斯坦,达到了 7.4%;最低的伊朗为 6.7%,主要是受战争影响。2020 年疫情影响下，GDP 增速最高的为土库曼斯坦，达到 6.3%，GDP 增速最慢的为黎巴嫩，仅为 2.15%。从人均收入水平看，中亚各国普遍低于西亚各国。中亚、西亚国家内部、国家之间的发展不充分不平衡，抗风险能力较弱，在全球经济萎缩、疫情、贸易持续下降等影响下，各国经济不确定性增强，将加大中国与中亚、西亚各国的合作难度。此外，由于中亚国家多数依赖石油、天然气等资源，受全球对石油需求的影响波动较大，容易受外部因素影响而产生较大波动，对经济走廊建设带来不利影响。

（三）不同国家市场化程度差异明显

市场化程度的高低直接决定着区域合作质量的高低。从中亚、西亚各国发展情况看，虽然中亚各国除乌兹别克斯坦和土库曼斯坦存在一定程度的国家计划经济外，其他各国普遍倾向于市场经济模式，但中亚国家基本属于"较不自由经济体"和"受压制经济体"，意味着政府对经济干涉较多（何文彬，2017）。西亚各国受制于宗教影响，市场化程度相对滞后，法律法规体系不健全，经济运行缺乏监管和约束，缺乏开展区域合作的金融、信用和监管基础。以土库曼斯坦为例，目前计划经济在土库曼斯坦仍然起主要作用，土库曼斯坦尚处于市场经济的起步阶段。由于法律法规不健全，外国公司在土库曼斯坦注册和开办公司手续繁杂，且随意性较大，经常会遇到各种人为的意外情况，行政效率较低。在企业运行过程中，由于市场化程度较低，企业经常会受到各种政府干涉正常经营的情况，即使签订了项目合同，仍然会出现项目无故废标等情况。土库曼斯坦汇率市场封闭，完全由政府操控，企业在土库曼斯坦投资项目极易面临汇率风险。

（四）交通基础设施建设滞后

由于经济发展水平制约，经济走廊沿线的中亚、西亚各国基础设施落后，基础设施投资额和基础设施维护状况同样落后于其他中等收入水平的国家，制约资源要素的自由流动。世界银行在《改善中亚的交通联系需要综合办法》中指出，中亚国家是世界上交通联系较差的经济体。落后的交通基础设施加大了运输成本，进而加大了贸易成本，削弱了本地产品的海外竞争力，提高了进口商品销售价格。中亚以公路运输为主，其次是铁路，航空和水运极为落后。根据各国《企业对外投资国别（地区）营商环境指南（2020）》，中亚各国交通基础设施状况如表8-8所示。从表中可以看出，除哈萨克斯坦交通基础设施相对完善、乌兹别克斯坦公路相对领先外，其他中亚各国基础设施普遍落后，还有较大的提升空间。

表8-8　中亚五国交通基础设施状况

	公路	铁路	水运	航空
哈萨克斯坦	主要运输方式，2019年境内国际、国家、州和区级公路长度为9.59万公里	中哈铁路通道主要包括乌鲁木齐—阿拉山口—多斯特克—努尔苏丹和精河—霍尔果斯—阿腾科里—阿拉木图两条。铁路干线总里程1.51万公里	仅有内河航运，内河航运长度4 150.9公里	有大型机场21个，其中15个提供国际空运服务

表8-8(续)

	公路	铁路	水运	航空
塔吉克斯坦	多山,公路是主要交通方式,公路总长1.42万公里,且多数年久失修、破坏严重	主要承担旅客和货物进出境运输。现有铁路总长978公里	—	有4个国际机场。2019年航空客运量1 190.8吨
吉尔吉斯斯坦	公路总里程约3.4万公里	铁路网为互不相连的南北两部分,铁路总长度423.9公里	航线总长189公里,2019年水运货运量、客运量均为0	2019年货运量300吨,客运量109万人次
乌兹别克斯坦	公路18.4万公里	铁路总长6 950公里,电气化铁路1 000多公里	—	除连接各州的航线外,与中日韩、欧美等国均有定期航班。国内有12个机场,2019年货运量3万吨,客运量3 000多万人
土库曼斯坦	总长超过1.4万公里,无高速公路	铁路总长5 198公里	无出海口,但濒临里海。土库曼巴什港是里海东岸最大港口,可停7 000吨货轮	5个国际机场

数据来源:《企业对外投资国别(地区)营商环境指南(2022年)》。

(五) 各国利益博弈明显加剧

中国-中亚-西亚经济走廊在六大经济走廊中涉及的国家最多,协调难度最大。各国由于经济体制、政治体制、发展基础、宗教信仰、价值理念等不同,利益诉求统一难度大,想要寻找一个利益平衡点很难。同时，交通、电力等基础设施建设滞后，如中亚的乌兹别克斯坦、土库曼斯坦尚无高速公路，西亚的阿曼、阿联酋没有铁路。水、电、气、通信等要素保障不足，经常面临缺水、缺电等问题，客观上增加了合作与投资成本。

此外，西亚和中亚国家由于其自身的战略地位、资源禀赋，历来都是大国争夺的重点，大国博弈在中亚、西亚表现得尤为明显。美国、俄罗斯、欧盟等为了抢占石油资源，在中亚、西亚进行激烈争夺。以美国为例，为了应对中国"一带一路"计划，争夺在中亚、西亚相关国家的影响力，美国推出了"蓝点网络""经济繁荣网络""重建美好世界"等倡议，提出制定基础设施建设领域的"全球认可标准"，并吸纳日本、澳大利亚加入。此外，欧盟的"东部伙伴关系"、俄罗斯的"欧亚联盟"也凸显了欧盟、俄罗斯在中亚、西亚地区的战略布局。不同合作平台诉求不同，增加了中国与中亚、西亚各国沟通协调的难度。除了中国在走廊沿线国家之间建立的上海合作组织等机构外，还有海湾阿拉伯国家合作委员会、阿拉伯国家联盟、石油输出国组织等中亚、西亚国家建立的各种合作平台（见表8-9）。

表8-9 大国及组织在中亚、西亚沿线的战略部署

国家战略	战略内容及意义
美国"新丝绸之路计划"	覆盖欧亚的跨地区贸易网络，这一计划将巩固美国在欧亚地区的地位，巩固阿富汗反恐行动成果，实现美国战略目标
美国"重建美好世界"	G7国家提出的支持发展中国家基础设施融资的新计划，企图作为共建"一带一路"倡议的"替代方案"

表8-9(续)

国家战略	战略内容及意义
美国"蓝点网络"	联合日本、澳大利亚争夺亚太地区基础设施建设主导权，鼓吹新型基础设施建设标准，扩大美国在亚太影响力
欧盟的"东部伙伴关系"	由欧盟发起的处理欧盟国家和苏联国家关系的计划。覆盖地区为欧亚大陆交通要塞，地缘战略意义十分重要。该计划目的是支持东部伙伴国的政治和经济社会改革，提高双方相互间政治和经济一体化水平，维护欧盟周边稳定、安全和繁荣
俄罗斯的"欧亚联盟"	在2025年前实现联盟内部商品、服务、资本和劳动力自由流动，并推行协调一致的经济政策

四、中国-中亚-西亚经济走廊互联互通建设的
对策与建议

虽然中国-中亚-西亚经济走廊建设面临诸多困难，但中亚、西亚是我国推进丝绸之路经济带的重要战略区域，在六大经济走廊中具有重要地位。为进一步推进中国-中亚-西亚经济走廊建设，应聚焦做好以下几个方面工作。

(一) 建立完善有效的合作机制

中国-中亚-西亚经济走廊覆盖范围大、制度差异明显、跨区域、跨币种的资源整合和配置管理难度大，沿浅区域大多金融实力不足，经济走廊建设是复杂的系统性工程，必须进一步建立健全更加有效的合作平台和合作机制。

一是充分发挥已有合作平台机制作用。目前中国-中亚-西亚经济走廊建设已经在中亚、西亚大多数国家之间形成了合作共识，且建立了上海合作组织等多个合作平台。未来要进一步推进这些合作平台、合作机制的常态化、规范化、制度化运行。要依托合作平台、合作机制的力量解决各国之间的纷争。充分发挥上海合作组织在推动中国与中亚合作中的牵头作用，在已有基础上，进一步完善双边和多边贸易投资环境、法律法规、基础设施等。借助中国—阿拉伯国家峰会加强中国与各国在金融、能源等领域的合作，不断加深合作深度、广度。推动中国-中亚-西亚经济走廊与各国已有战略的对接，不断深化合作共识。

二是广泛凝聚各国合作共识。中国-中亚-西亚经济走廊建设已从顶层设计进入了具体实施和有序推进阶段。面对大国博弈，经济走廊的建设必须坚持合作共赢原则，坚持中国与中亚、西亚各国利益共享，争取最广泛的支持，构建中国与中亚、西亚在政治、安全、经济、社会等多领域的"命运和利益共同体"。

三是渐进式开展合作试点示范。在中国-中亚-西亚经济走廊建设总体路线基本明确的基础上，为有效规避沿线国家过多、大国博弈激烈、各国信任不足等问题，应将经济走廊的总体规划细化为阶段性实施目标。在近期选择一个合作基础较好的国家，明确一个推进较好的项目，通过小范围的示范试点，为更大范围开展合作做出探索示范。按照各国风险程度不同，将合作国的合作风险划分为合作谨慎区、风险区、畅通区、便利区，对不同类型的风险区采取不同的合作策略（汪泰 等，2020）。将合作的试点和示范区放在如哈萨克斯坦、沙特阿拉伯、卡塔尔、阿联酋、土耳其等合作风险相对较小的地区，利用中国的市场规模、经济总量、基建优势，与这些国家开展资源依赖型产业合作。

（二）加快基础设施互联互通建设

在经济走廊建设中，交通、电力等廊道的建设是重要的基础和先决条件。目前中亚、西亚各国交通基础设施相对滞后，导致经济走廊建设推进缓慢，增加了经济走廊的建设成本和交易成本。目前，中国相对充足的资本正在积极寻找海外投资机会，中国在高铁、高速公路、核电、水电、装备制造等领域已经形成完善的技术支撑，具备向沿线各国提供基础设施建设的技术支撑和资金支持（何文彬，2017）。因此，在中国-中亚-西亚经济走廊建设过程中，必须更加重视基础设施的硬件和软件建设。硬件基础设施包括交通、管道、电力等各类基础设施，而软件基础设施则包括走廊建设的标准、规范、合作机制等。

一是推进交通基础设施互联互通。目前，中国-中亚-西亚国际运输走廊上的交通主动脉尚未形成，跨境公路、铁路正处于建设过程中（姚尧，2017）。跨境公路、铁路的缺失导致中国经中亚、西亚的运输成本高、转运复杂且效率低。因此，未来加快形成跨境铁路和公路运输网络是重要的突破口。公路运输是目前中亚地区的主要运输方式。一方面要加大对年久失修路段的完善修葺，另一方面要继续加大对公路布局较少的土库曼斯坦、吉尔吉斯斯坦等地的规划布局，推进欧洲西部—中国西部、中塔公路二期等重大项目建设，形成公路的闭环运行。加大与沿线各国的联系和对接，积极推动中吉乌铁路、中塔阿伊铁路等规划建设，持续发挥中哈土伊货运铁路作用。针对目前铁路建设标准不一、跨境贸易成本高的问题，亟须推动新建铁路采用统一的轨距，推动实现跨境货物运输的无缝衔接。

二是推进能源基础设施联通建设。能源合作是中国和中亚、西亚各国的合作重点，应加大能源重大项目投资，改善能源输送管道，为更好开展能源贸易提供基础设施保障。要建设环绕里海的阿塞拜疆—土库曼斯坦油气管线，实现里海两岸能源基础设施的互联互通，打通东向和西向的能源外送通道（中国社会科学院数量经济与技术经济研究院，2015）。除石油管线外，哈萨克斯坦风能基础设施建设、土库曼斯坦和哈萨克斯坦的太阳能基础设施建设等也能为亚洲提供跨区域的能源供给。

三是强化基础设施建设金融支持。金融支持是开展基础设施建设的重要基础和保障。西亚、中亚地区由于经济发展水平总体不高，资金保障能力有限，因此必须借助亚投行、金砖银行、新开发银行、丝路基金和上合组织银行等投融资渠道，加大对中亚、西亚，以及跨境道路建设的支持。除了上述资金支持外，还可从世界银行、出口信用机构等多方筹措建设资金。

（三）推动产业合作优势互补

一是强化各国产业协作发展。目前，中国－中亚－西亚经济走廊沿线国家多数处于工业化初级阶段，产业结构单一，抗风险能力弱。在对外贸易和投资方面处于以资源型产品出口为导向的初级阶段，处在价值链低端，价值增值空间大，合作双方的关键在于找准各自的比较优势。随着中国－中亚－西亚经济走廊的提出，中国与中亚、西亚各国的贸易合作不断加深。目前，哈萨克斯坦已成为中国在中亚最大的贸易合作伙伴，西亚的沙特阿拉伯、阿联酋、卡塔尔等国与中国的贸易量也逐年增加。未来要围绕推动中亚、西亚各国从工业化初级阶段向工业化中后期转变这一重要进程。在产业合作过程中，突出中国在工业体系完整、产业链完善方面的"龙头"优势，不断推动中亚、西亚各国从价值链低端向价值链的中端、高端跃升。各区域充分发挥自身在技术、劳动力、资源等方面的比较优势，在更大范围内构建产业链供应链合作新格局。此外，中亚、西亚各国农业基础普遍较好，但农业基础设施和农业科技相对落后，因此，可以发挥中国农业技术优势，在中亚、西亚各国开展土壤改良、高产农田改造、农业科技园建设、农业技术人员培训等方面的合作，将中亚、西亚各国作为中国乡村振兴和农业现代化的后方支撑。

二是加强境外产业园区建设。产业园区能够通过集中、集约的投资方式，提高项目建设效益，降低投资风险。在中亚、西亚建设产业合作园区能够提高投资效率。据统计，目前中国在中亚、西亚地区建立的经过考核确认的境外经贸合作园区仅有 6 个。根据发展需要，应在中国-中亚-西亚经济走廊沿线更大范围内建立一个包括资源开采、加工、贸易、技术支持等在内的跨境产业链，通过促进各国产业优势互补、搭建产业链的方式，形成跨境产业集群。总结复制已建 6 个跨境投资合作园区的成功经验，尽早在各国选择合适的项目、合适的园区开展跨境投资合作园区建设。在基础设施互联互通基础上，形成以点串线的良好局面，不断提高产业合作效率、巩固效果。

（四）强化潜在风险防控化解

一是做好充分的风险评估。中国-中亚-西亚经济走廊建设可能存在诸多经济风险、政治风险、社会风险等，因此有效的风险预警和应对机制是经济走廊建设的重要保障。在风险未发生时，为保障中国企业到中亚、西亚各国投资，必须对各国的投资风险进行有效评估。目前，商务部每年发布《对外投资合作国（地区）指南》，对目的国基本概括、投资环境、政治环境、人文状况等进行全方面说明，为投资者提供了很好的指导，也为中国政府在中亚、西亚地区开展投资奠定了良好的基础。在风险可能发生时，要及时进行科学预警。

二是健全企业应对风险的能力。目前，商务部每年发布最新的《企业对外投资国别（地区）营商环境指南》《企业对外投资国别（地区）指南》，中国企业赴中亚、西亚经济走廊国家投资前，必须充分了解当地的投资环境，做好应对风险的充分准备。企业内部要健全风险管理体系，成立专门的海外投资风险管控部门和管理单位，对可能存在的风险进行全面评估。企业在走出去前，要加强对投资目的国各方面信息的调研、分析和研判，包括社会人文环境、法律环境、经济形势、社会风俗、未来发展趋势等方面。企业要加强与政府的合作，建立危机预警机制，同本地政府及驻外使馆保持良好的沟通联系机制，及时掌握投资目的国的政治动向、经济走势，针对其中可能存在的风险，制订应急预案。

三是加强政府指导和服务。政府要整合各种资源，建立信息传播机构和渠道，不断完善走出去统计制度和海外企业信息披露制度，在现有基础上进一步加强走出去的信息服务和投资、产业的指导。加快建立以政府为指导的国别数据库、投资绩效评价与风险预警等服务体系，帮助企业规避走出去的风险。认真贯彻国家引导和规范境外投资的相关管理规定，进一步加强境外投资真实性、合规性审查，指导企业积极参与国家境外企业和走出去联络平台建设。按照《商务部走出去合作"双随机、一公开"监管细则（试行）》要求，开展走出去合作领域"双随机、一公开"监管工作，切实增强企业守法合规意识。学习日本、韩国的经验做法，尝试由政府和企业共同出资建立海外投资损失准备金制度，对企业在国外投资产生准备金补偿范围内的损失给予一定的补偿，降低企业在外投资时可能由于自然灾害、战争等导致的各类损失。

四是发挥民间组织力量。加大对第三方咨询服务机构的扶持和培养，提高第三方咨询服务机构的能力和水平，为企业走出去提供包括经贸信息服务、投融资、法律、风险评估、税收、保险、会计等全方位的服务。当前在各个投资目的国分布着大量的华侨，这些华侨熟悉投资目的国的政治、经济、社会形势，能够为企业走出去提供帮助，为企业趋利避害、规避风险提供帮助，企业通过华侨也能够更好融入当地，形成抱团发展的凝聚力；投资目的国的各类投资促进机构、行业组织、行业协会能够发挥企业与投资目的国政府、企业、中介机构之间的桥梁与纽带作用，帮助企业更好融入当地社会，实现企业与投资目的国的互利共赢。行业协会作为企业的代表，可以建立帮助企业走出去的协调机制，加强行业自律，为企业提供服务。

参考文献

安虎森，1997. 增长极理论评述 ［J］. 南开经济研究，1：31-37.

安虎森，2004. 区域经济学通论 ［M］. 北京：经济科学出版社.

安虎森，郑文光，2016. 地缘政治视角下的"一带一路"战略内涵：地缘经济与建立全球经济新秩序 ［J］. 南京社会科学，4：5-14.

安树伟，2015. "一带一路"对我国区域经济发展的影响及格局重塑 ［J］. 经济问题，4：1-4.

蔡昉，2017. 中国发展经验的世界意义 ［J］. 经济研究，11：4-6.

荼宏旺，1995. 西方发展经济学中结构主义和新古典主义述评 ［J］. 世界经济，4：12-18.

常思纯，2018. 日本为何积极介入湄公河地区 ［J］. 世界知识，21：22-23.

陈继东，2012. 关于建设中国—巴基斯坦铁路连接线的几点思考 ［J］. 南亚研究季刊，3：58-61.

陈继东，杨勇，2011. 巴基斯坦地区铁路枢纽建设与中国的作用 ［J］. 南亚研究季刊，4：55-60.

陈翔，2017. 美国在中南半岛推行"颜色革命"的现状及中国应对 ［J］. 江南社会学院学报，2：7-12.

迟焱淼，2021. 浅述国际贸易理论政策的历史沿革 [J]. 对外经贸，7：10-12.

褚淑贞，孙春梅. 增长极理论及其应用研究综述 [J]. 经济研究，2011，10（01）：4-7.

丛占修，2016. 人类命运共同体：历史、现实与意蕴 [J]. 理论与改革，3：1-4.

邓小平，1984. 建设有中国特色的社会主义 [M]. 北京：人民出版社.

邓小平，1993. 邓小平文选：第三卷 [M]. 北京：人民出版社.

丁利荣，陈明婧，2009. 论地缘经济学的生成及其学术流派 [J]. 求索，4：5-6，216.

丁怡全. 中国昆明至越南海防国际道路客运成功试运行[EB/OL].(2018-09-19)[2021-05-18].https://baijiahao.baidu.com/s? id=1612024628772699379&wfr=spider&for=pc.

杜飞进，2020. 构建人类命运共同体，引领人类文明进步方向 [J]. 哈尔滨工业大学学报（社会科学版），3：1-12.

杜能，1997. 孤立国同农业和国民经济的关系 [M]. 北京：商务印书馆.

杜尚泽，黄文帝，2014. 习近平和拉赫蒙总统共同出席中塔电力和中国—中亚天然气管道合作项目开工仪式 [N]. 人民日报，2014-09-14（1）.

段涛，卢光盛，2017. 中国-中南半岛经济走廊建设：进展、问题及对策 [J]. 复旦国际关系评论，1：87-109.

发展改革委员会网站. 中缅经济走廊联合委员会第一次会议在

北京召开［EB/OL］.（2018-9-12）［2022-12-02］.http：//www.gov.cn/
xinwen/2018-09/12/content_5321276.htm.

高德步，刘文革，邵宇佳，2018.世界经济新格局与中国特色地
缘政治经济学理论：第四届地缘政治经济学论坛综述［J］.经济研
究，10：192-196.

葛杨，岑树田，2017.中国基础设施超常规发展的土地支持研究
［J］.经济研究，52（2）：38-51.

龚云鸽，2018.李嘉图的比较优势理论及其评析［J］.改革与开
放，14：29-30，67.

广西发展改革委.广西：如期完成《西部陆海新通道总体规划》
2020年阶段性目标［EB/OL］.（2021-01-29）［2021-05-19］.http：//
fgw.gxzf.gov.cn/cszz/tdb/gzdt_57628/t7799521.shtml.

广西壮族自治区交通运输厅.《广西高速公路网规划（2018-
2030年）》摘要［EB/OL］.（2018-11-27）［2021-05-18］.http：//jtt.
gxzf.gov.cn/zfxxgk/fdzdgk/ghjh/t3892707.shtml.

郝立新，周康林，2017.构建人类命运共同体：全球治理的中国
方案［J］.马克思主义与现实，6：2-7.

郝蒙蒙，陈帅，江东，等，2018.中南半岛恐怖袭击事件时空演
变特征分析［J］.科技导报，36（3）：62-69.

何文彬，2017.论"中国-中亚-西亚经济走廊"建设推进中的
基础与障碍［J］.经济体制改革，3：59-67.

贺来，2016.马克思哲学的"类"概念与人类命运共同体［J］.
哲学研究，8：4-9.

赫希曼，1991.经济发展战略［M］.北京：经济科学出版社.

胡铁军. 国际通道新格局 [N]. 广西日报, 2018-12-10 (T07).

胡晓蓉. 口岸机场迎风启航 [N]. 云南日报, 2020-06-21 (5).

环球网. 巴基斯坦政府反驳抹黑中巴经济走廊报道: 片面、歪曲事实 [EB/OL]. (2018-08-09) [2022-10-12]. https://cn.apdnews.com/toutiao/873474.html.

环球网. 中国驻缅甸大使: 习主席访缅将极大推动中缅关系提质升级 [EB/OL]. (2020-01-20) [2022-1-2-23]. https://world.huanqiu.com/article/9CaKrnKoQml.

黄君宝, 2008. 从战略高度认识和深化与巴基斯坦的全面合作 [J]. 亚太经济, 2: 64-67.

黄仁伟, 2010. 地缘理论演变与中国和平发展道路 [J]. 现代国际关系, 1: 18-25.

黄森, 2014. 空间视角下交通基础设施对区域经济的影响研究 [D]. 重庆: 重庆大学.

黄思宇, 潘柳燕, 2022. 人类命运共同体: 解决经济全球化问题的新思路 [J]. 北方论丛, 1: 25-34.

黄晓燕, 秦放鸣, 2018. 中国-中亚-西亚经济走廊建设基础、挑战与路径 [J]. 改革与战略, 2: 68-73.

姜永铭, 2009. 跨国区域经济合作与发展研究 [D]. 长春: 吉林大学.

蒋瑛, 周俊, 2018. 习近平新时代对外开放思想与逆全球化挑战的应对 [J]. 经济学家, 9: 5-11.

景跃军, 王胜今, 2001. 区域经济理论与方法: 中国区域经济实证研究 [M]. 吉林: 吉林大学出版社.

科切托夫，2001. 世界跨文明和谐与地缘经济学范式 [J]. 李欣，译. 上海财经大学学报，5：34-41.

李爱敏，2016. 人类命运共同体：理论本质、基本内涵与中国特色 [J]. 中共福建省委党校学报，2：76-77.

李晨阳，孟姿君，罗圣荣，2019. "一带一路"框架下的中缅经济走廊建设：主要内容、面临挑战与推进路径 [J]. 南亚研究，4：112-133.

李程，姜弘，2017. 空间经济学视角下的"一带一路"战略和金融支持研究 [J]. 武汉金融，3：21-25.

李敦瑞，李新，2009. 地缘经济学研究综述 [J]. 国外社会科学，1：42-48.

李晴，潘之铭. 友谊关口岸：高速公路构建国际物流大通道 [EB/OL]. 广西广播电视台新闻频道.（2021-05-01）[2021-05-18]. https://news.gxtv.cn/article/detail_ba9dad5f74624b14bceb037825e5d20a.html.

李睿，肖克平，2019. 中国、老挝、缅甸和泰国澜沧江—湄公河国际航运现状及未来发展趋势研究 [J]. 东南亚纵横，5：58-65.

李世杰，刘文革，郭庆宾，2020. 中国特色地缘政治经济学的理论探索与体系构建：第五届地缘政治经济学论坛综述 [J]. 经济研究，5：199-203.

李铁立，姜怀宇，2004. 边境区位、边境区经济合作的理论与实践：以辽宁省-朝鲜边境地区经济合作为例 [J]. 人文地理，6：1-5，48.

李娅，伏润民，2010. 为什么东部产业不向西部转移：基于空间

经济理论的解释 [J]．世界经济，33（8）：59-71．

李志斐，2021．澜湄合作中的非传统安全治理：从碎片化到平台化 [J]．国际安全研究，1：90-119，156-157．

廖春勇，常士訚，2017．身份认同与社群暴力视阈下的缅甸罗兴亚问题研究 [J]．世界民族，6：31-41．

廖晓明，刘晓锋，2018．当今世界逆全球化倾向的表现及其原因分析 [J]．长白学刊，2：28-37．

林延明，2015．印度东北部地区与孟中印缅经济走廊 [J]．东南亚南亚研究，3：8-17．

凌胜利，2016．"一带一路"战略与周边地缘重塑 [J]．国际关系研究，1：79-91，155-156．

刘方平，2016．"一带一路"倡议与中国对东南亚援助．国际展望，3：70-89，146．

刘敬家，邢银锋，2015．边缘地带论与中西方地缘政治战略冲突 [J]．延边党校学报，5：66-68．

刘世庆，巨栋，2018．"一带一路"与成渝经济区及中国西部开放开发新探索 [J]．产业创新研究，9：27-30+70．

刘同舫，2018．构建人类命运共同体对历史唯物主义的原创性贡献 [J]．中国社会科学，7：4-5．

刘向阳，2019．巴基斯坦俾路支恐怖主义及其对中巴经济走廊建设的影响 [J]．贵州师范大学学报（社会科学版），1：144-150．

刘学华，张学良，彭明明，2009．交通基础设施投资与区域经济增长的互动关系：基于西部大开发的实证分析 [J]．地域研究与开发，4：57-61．

卢光盛，2004. 国际关系理论中的地缘经济学 [J]. 世界经济研究，3：11-16.

卢光盛，2015. 经济走廊的理论溯源及其对孟中印缅经济走廊的启示. 南亚研究，2015（2）：1-14.

卢光盛、李晨阳、金珍，2014. 中国对缅甸的投资与援助：基于调查问卷结果的分析. 南亚研究，1：17-30.

卢光盛. 澜湄合作：开启新时代周边外交[EB/OL].（2018-1-10）[2021-05-18].http://opinion.people.com.cn/n1/2018/0110/c1003-29757429.html.

卢伟，公丕萍，李大伟，2017. 中国-中南半岛经济走廊建设的主要任务及推进策略 [J]. 经济纵横，2：50-56.

陆大道，1986.2000 年我国工业生产力布局总图的科学基础 [J]. 地理科学，2：110-118.

陆大道，杜德斌，2013. 关于加强地缘政治地缘经济研究的思考 [J]. 地理学报，6：723-727.

栾文莲，2005. 马克思主义经济学研究的全球视野 [J]. 山东社会科学，1：22-26.

马克思，恩格斯，1974. 马克思恩格斯全集 [M]. 北京：人民出版社.

马克思，恩格斯，1995a. 马克思恩格斯全集：第 30 卷 [M]. 北京：人民出版社.

马克思，恩格斯，2001. 马克思恩格斯全集：第 2 版 [M]. 北京：人民出版社.

迈克尔，王爱君，2010. 累积进程与极化发展：缪尔达尔的贡献

[J]. 经济思想史评论，1：111-130.

明浩，2015.“一带一路”与人类命运共同体 [J]. 中央民族大学学报（哲学社会科学版），6：28-29.

尼茨坎普，2001. 区域和城市经济学手册：第 1 卷区域经济学 [M]. 安虎森，刘海军，程同顺，等译. 北京：经济科学出版社.

潘志平，2016.“一带一路”愿景下设施联通的连接点——以“中国-中亚-西亚”经济走廊为例 [J]. 新疆师范大学学报（哲学社会科学版），3：40-46.

裴长洪，刘洪愧，2018. 习近平新时代对外开放思想的经济学分析 [J]. 经济研究，53（2）：4-19.

钱彤，2013. 为我国发展争取良好周边环境推动我国发展更多惠及周边国家 [N]. 人民日报，2013-10-26（1）.

求是网. 在更高水平对外开放中拥抱世界[EB/OL].（2018-11-23）[2023-01-03]. http://www.qstheory.cn/wp/2018-11/22/c_1123751376.htm.

全毅，2018. 改革开放 40 年中国对外开放理论创新与发展 [J]. 经济学家，11：5-12.

人民日报，2018. 伊姆兰·汗会见中国驻巴大使：坚定支持中巴经济走廊建设 [N]. 人民日报，2018-7-31（5）.

人民网. 习近平同孟加拉国总理哈西娜举行会谈[EB/OL].（2016-10-14）[2022-11-13].http://politics.people.com.cn/n1/2016/1014/c1024-28780271.html.

人民网. 中缅经济走廊开启实质规划建设[EB/OL].（2020-01-19）[2022-12-23].http://ydyl.people.com.cn/n1/2020/0119/c411837-

31554642. html.

阮宗泽，2016. 人类命运共同体：中国的"世界梦"［J］. 国际问题研究，1：10-21.

邵发军，2017. 习近平人类命运共同体思想及其当代价值研究［J］. 社会主义研究，4：1-7.

盛斌，高疆，2018. 中国与全球经济治理：从规则接受者到规则参与者［J］. 南开大学学报（哲学社会科学版），5：18-27.

宋志辉，2006. 喀喇昆仑公路与中巴通道建设［J］. 南亚研究季刊，4：35-38.

孙红磊，2004. 西部开发中发展极的实践形式：城市化［D］. 北京：中央民族大学.

汤敏，1993. 增长三角：概念与运作问题［J］. 世界经济译丛，7：88.

汤智民，2010. 中部地区基础设施与经济增长的实证研究［D］. 南昌：南昌大学.

唐孟生，李景峰. 中巴经济走廊：回顾与展望［EB/OL］.（2019-4-28）［2022-10-12］. https：//baijiahao. baidu. com/s？ id = 16320215 13979112827&wfr = spider&for = pc.

铁道网. 中铁五局设计院完成 392 公里的越南新线的初步规划［EB/OL］.（2019-11-29）［2021-05-19］. https：//www. seetao. com/details/10412. html.

佟家栋，2017. "一带一路"倡议的理论超越［J］. 经济研究，12：22-25.

汪泰，陈俊华，2020. 中国-中亚-西亚经济走廊贸易投资便利

化水平研究 [J]. 世界发展研究, 5: 883-892.

王立胜, 2018. 论新时代中国特色社会主义政治经济学 [J]. 马克思主义与现实, 2: 19-26.

王丽萍, 2008. 贸易保护理论的历史变迁及其对我国的启示 [J]. 未来与发展, 2: 25-28.

王颂吉, 白永秀, 2016. 中国-中亚-西亚经济走廊建设: 进展、问题与对策 [J]. 贵州社会科学, 8: 126-133.

王中美, 2014. 全球贸易便利化的评估研究与趋势分析 [J]. 世界经济研究, 3: 47-52.

王仲君, 1996. 威廉·佩蒂的市场经济思想述论 [J]. 铁道师院学报, 2: 18-22.

韦伯, 1976. 工业区位论 [M]. 北京: 商务印书馆.

魏有为, 2019. 中国-中亚-西亚经济走廊建设取得的进展及推进对策 [J]. 发展研究, 4: 41-44.

魏守军, 刘捷, 2009. 从马克思经济危机理论看世界市场经济危机 [J]. 广西社会科学, 6: 49-52.

魏下海, 2010. 基础设施、空间溢出与区域经济增长 [J]. 经济评论, 4: 82-89.

习近平, 2016. 深化伙伴关系增强发展动力: 在亚太经合组织工商领导人峰会上的主旨演讲 [N]. 人民日报, 2016-11-21 (1).

习近平, 2014. 习近平谈治国理政: 第一卷 [M]. 北京: 外文出版社.

习近平, 2017. 习近平谈治国理政: 第二卷 [M]. 北京: 外文出版社.

习近平，2020. 在经济社会领域专家座谈会上的讲话 [N]. 人民日报，2020-08-25 (2).

谢静，2018. 印度东向行动政策的特点及其对东南亚地区秩序的影响 [J]. 东南亚纵横，2：70-76.

新华社. 共建"一带一路"：构建人类命运共同体的重大实践 [EB/OL].（2023-10-10）[2023-10-10].http://www.xinhuanet.com/2023-10/10/c_1129907870. htm

新华社. 习近平出席第三次"一带一路"建设座谈会并发表重要讲话[EB/OL].（2021-11-19）[2021-12-20].http://www.gov.cn/xinwen/2021-11/19/content_5652067. htm.

新华社. 习近平同缅甸国务资政昂山素季会谈[EB/OL].（2020-01-18）[2021-01-22].http://www.gov.cn/xinwen/2020-01/18/content_5470497. htm.

新华网. 王毅与缅甸国务资政兼外长昂山素季举行会谈[EB/OL].（2017-11-20）[2022-09-23].http://www.xinhuanet.com//world/2017-11/20/c_1121979086. htm.

新华网. 习近平在巴基斯坦议会的演讲[EB/OL].（2015-4-21）[2022-10-12]. http://www.xinhuanet.com/world/2015-04/21/c_1115044392. htm.

新华网. 中华人民共和国和巴基斯坦伊斯兰共和国关于深化两国全面战略合作的联合声明[EB/OL].（2013-05-23）[2022-10-15]. http://www.xinhuanet.com//world/2013-05/24/c_124755934. htm.

邢国均，2006. 国际区域经济一体化与我国的西部开放 [J]. 红旗文稿，17：19-21.

徐艳玲，李聪，2016. 人类命运共同体价值意蕴的三重维度 [J]. 科学社会主义，3：108-113.

许正，钮菊生，2013. 东南亚与中国合作的地缘战略研究 [J]. 求索，8：170-173

颜鹏飞，2003. 西部大开发经济增长极的抉择和构筑：经济增长极和区域经济理论的新发展和新思考 [J]. 新疆师范大学学报（哲学社会科学版），4：110-118.

央视网. 五周年！"一带一路"再出发，习近平的这些提法意味深远[EB/OL]. (2018-09-07) [2022-02-10]. http://news.youth.cn/sz/201809/t20180907_11721191.htm.

杨道玲，许婷婷，2018. "一带一路"资金融通进阶 [J]. 中国外汇，18：27-29.

杨开忠，1991. 区域经济学发展中的几个理论问题 [M] //陈栋生. 区域经济研究的新起点. 北京：经济管理出版社：76-92.

杨开忠，2008. 区域经济学概念、分支与学派 [J]. 经济学动态，1：55-60.

杨鹏，2012. 通道经济：区域经济发展的新兴模式 [M]. 北京：中国经济出版社.

杨圣明，王茜，2018. 马克思世界市场理论及其现实意义 [J]. 经济研究，6：52-66.

杨艳，罗霄，2009. 论西部地区基础设施的经济增长效应 [J]. 经济问题探索，4：11-15.

姚尧，2017. "一带一路"交通基础设施联通的经济效应 [D]. 泉州：华侨大学.

"一带一路"沿线国家文化交流课题组，2021. 以人文交流促进与中亚的民心相通［J］. 西安交通大学学报（社会科学版），3：43-63.

尹响，杨继瑞，2018. "一带一路"背景下我国不同区域间基础设施投资密度与经济增长效应［J］. 商业研究 11：25-32.

云南省发展和改革委员会. 云南省庆祝中国共产党成立 100 周年系列新闻发布会·面向南亚东南亚辐射中心专题发布会［EB/OL］.（2021-04-29）［2021-05-19］.http：//yndrc.yn.gov.cn/ynfzggdt/75525.

云南省交通投资建设集团有限公司. 老挝磨丁至会晒高速公路项目《经济—技术可行性研究报告》获批［EB/OL］.（2021-01-15）［2021-05-18］.https://www.ynjttzjt.com/archives/3195.

扎米尔，2018. 伊姆兰汗发誓全力建设中巴经济走廊［N］. 光明日报，2018-7-27（8）.

张辉，2016. 贯彻协调发展新理念，构筑均衡融合新格局［J］. 北京大学学报（哲学社会科学版），2：17-20.

张军延，2004. 发展理论的结构主义与新古典主义之争［J］. 陕西广播电视大学学报（综合版），3：60-63.

张丽君，2001. 地缘政治让位于地缘经济［J］. 经济地理，1：33-38.

张翎，窦静雅，2007. 空间经济学视角下的产业集聚与区域经济增长研究［J］. 工业技术经济，7：79-81.

张伟，2017. 中国"一带一路"建设的地缘战略研究［D］. 长春：吉林大学.

张欣，2019. "一带一路"背景下中国文化在中亚传播研究［J］. 传播力研究，8：9-11.

张耀铭，2019. 中巴经济走廊建设：成果、风险与对策［J］. 西北大学学报（哲学社会科学版），4：14-22.

张元，2019. 巴基斯坦俾路支分离主义的国际干预探析［J］. 南亚研究季刊，1：80-87.

张志元，史可，王子健，2015. "一带一路"战略的空间经济学分析［J］. 经济与管理评，5：147-154.

赵茂林，任志安，2015. 斯密"无形之手"思想发展及其影响再探讨［A］//中华外国经济学说研究会. 外国经济学说与中国研究报告（2014）［C］. 中华外国经济学说研究会.

赵天睿，孙成伍，张富国，2015. "一带一路"战略背景下的区域经济发展机遇与挑战［J］. 经济问题，12：19-23.

中国机电产品进出口商会. 我企业料将深度参与老挝电力市场建设［EB/OL］.（2021-02-23）［2021-05-20］. http://www.cccme.org.cn/news/content-3003817. aspx.

中国经济网. 中巴经济走廊22个早期收获项目中有14个已建成［EB/OL］.（2019-6-17）［2022-10-12］. http://intl. ce. cn/specials/zxgjzh/201906/17/t20190617_32379803. shtml.

中国经济网. 中巴开放经济走廊项目投资还有人质疑中国的诚意吗［EB/OL］.（2018-9-17）［2022-10-12］. https://baijiahao.baidu.com/s？id=1611810132507065759&wfr=spider&for=pc.

中国南方电网. 公司基本情况［EB/OL］.（不详）［2021-05-20］. https://www.csg.cn/gywm/gsjs/.

中国社会科学院数量经济与技术经济研究院，2015. "一带一路"战略：互联互通共同发展—能源基础设施建设与亚太区与能源

市场一体化 [J]. 国际石油经济, 8: 15-23.

中国外交部. 王毅介绍中方在"罗兴亚人"问题上立场 [EB/OL]. (2017-11-19) [2022-1-2-11]. https://www.fmprc.gov.cn/web/wjbzhd/t1511957. shtml.

周素勤, 雷满玉, 2008. 地缘战略与中国同中南半岛国家关系的发展 [J]. 北方经贸, 3: 9-10.

周太东, 蒋希蘅. 中缅油气管道"一带一路"多方共建典范 [N]. 中国经济时报, 2019-04-25 (4).

朱翠萍, 陈富豪, 2019a. 中国-中南半岛经济走廊建设: 潜力、挑战与对策 [J]. 东南亚纵横, 2: 38-47.

朱翠萍, 弗林特, 2019b. 安全困境与印度对华战略逻辑 [J]. 当代亚太, 6: 26-46.

朱丹丹, 黄梅波, 2017. 中国的民生援助: 经验、评价和改进建议 [J]. 国际经济合作, 3: 88-95.

朱陆民, 陈丽斌, 2011. 地缘战略角度思考中国与中南半岛合作的重要意义 [J]. 世界地理研究, 2: 20-28.

草野厚, 2010. ODAの現場で考えたこと 日本外交の現在と未来 [J]. NHK: 199-219.

AWAN Z. Imran Khan's visit to China will make ties even stronger [EB/OL]. (2018-10-30) [2022-10-13]. http://www.atimes.com/author/zamir-awan/.

BARRO R J, 1990. Government spending in a simple model of endogenous growth [J]. Journal of political economy, 4: 98-112.

BARU S, 2012. Geo-economics and strategy [J]. Survival, 3: 24-38.

BLATTER J. Emerging cross-border regions as a step towards sustainable development? [J] International journal of economic development, 3: 402-439.

BOUGHEAS S, DEMETRIADES P O, MAMUNEAS T P, 2000. Infrastructure, specialization, and economic growth [J]. Canadian journal of economics/revue canadienne d'économique, 2: 506-522.

Bougheas S, Demetriades P, Mamuneas T, 2000. Infrastructure, specialization and economic growth [J]. Canadian journal of economics/revenue, 33 (2): 506-522.

CHENERY H B, Taylor L, 1968. Development patterns among countries and over time [J]. Review of economics & statistics, 50: 391-416.

CHENG L K, WHITTEN G W, HUA J B, 2019. The national security argument for protection of domestic industries [J]. Journal of Chinese economic and business studies, 17 (4): 111-115.

DUPONT B, DURHAM Y, 2021. Adam Smith and the not so invisible hand: A revision for the undergraduate classroom [J]. International review of economics education, 36 (3): 100-205.

FASSLABEND W, 2015. The silk road: A political marketing concept for world dominance [J]. European view, 2: 231.

FERDINAND P, 2016. Westward ho—the China dream and 'one belt, one road': Chinese foreign policy under Xi Jinping [J]. International Affairs, 92 (4): 68.

GLOBAL TIMES. Myanmar to Make Utmost Efforts to Ensure Ensure Security of CMEC[EB/OL]. (2019-01-02)[2023-0201]. http://www.

globaltimes.cn/content/1134349. shtml.

GREGORI T, 2021. Protectionism and international trade-A long-run view [J]. International economics, 165: 132-144.

HANSON G H, 2001. U. S. - Mexico integration and regional economies: Evidence from border-city Pairs [J]. Journal of urban economics, 50: 259-287.

HIROSHI K, 2016. Japan's development assistance: Foreign aid and the post-2015 agenda [M]. London: Palgrave Macmillan.

HOLMES J R, DELAMER K J, 2017. Mahan Rules [J]. United States naval institute. proceedings, 5: 54.

KARIM M A, 2015. China's proposed maritime silk road: Challenges and opportunities with special reference to the Bay of Bengal region [J]. Pacific focus, 3: 188-201.

KOBOEVIć Ž, KURTELA Ž, VUJIčIć S, 2018. The maritime silk road and China's belt and road initiative [J]. NAŠE MORE: znanstveni časopis za more i pomorstvo, 65 (2): 115.

KRUGMAN P, 1991. Increasing returns and economic geography [J]. Journal of political economy, 3: 483-499.

MAIERBRUGGER A, 2014. Myanmar - Yunnan railway scrapped due to public opposition [EB/OL]. (2014-7-23) [2023-01-22]. https://investvine.com/myanmar-yunnan-railway-scrapped-due-to-public-opposition/.

LUTTWAK E, 1990. From geo-politics to geo-economics: Logic of conflict, grammar of commerce [J]. The national interest, 20 (6): 17-23.

MCCORMICK T, 2020. The economic thought of William Petty: Exploring the colonialist roots of economics, by Hugh Goodacre [J]. History of political economy, 52 (1): 198.

MONTES L, 2020. Adam Smith: What he thought, and why it matters [J]. Journal of the history of economic thought, 42 (2): 286.

MUKHERJEE A, BANERJEE M, 2018. Reconstruction of European geopolitics with a special reference to Mackinder's heartland theory [J]. Journal of trend in scientific research and development, 2: 112.

NAOKO K, 2018. Margin to mainstream, periphery to center [J]. Asian journal of comparative politics, 3: 156.

NOURSE H O, 1968. Regional economics: A study of the economic structure, stability, and growth of regions [M]. New York: McGraw Hill.

PERROUX F, 1950. Economic space: Theory and applications [J]. The quarterly journal of economics, 64 (1): 89-104.

RADIO PAKISTAN. The way China tackled poverty and corruption a role model for us; PM[EB/OL].(2018-11-01)[2022-10-13].http://www.radio.gov.pk/01-11-2018/the-way-china-tackled-poverty-and-corruption-a-role-model-for-us-pm.

DELGADO R F, 2015. The Political Economy of Mercantilism [J]. Iberian journal of the history of economic thought, 2 (2): 120.

ROSENSTEIN R, 1943. Problems of industrialization of eastern and south-eastern Europe [J]. Economic journal, 53: 202-211.

ROSENSTEIN-RODAN P N, 1943. Problems of industrialisation of eastern and south-eastern Europe [J]. The economic journal, 53 (210/

211)：202-211.

ROSTOW W W, 1959. The stages of economic growth [J]. The e-conomic history review, 1：1-16.

SCHIFF M, WINTERS L A, 2002. Regional cooperation, and the role of international organizations and regional integration [R]. The world bank development research group trade policy research working paper：2872.

TABUCHI T, Fujimoto M, Senga S, 2017. Introduction：Ricardo's international trade theory 200 years on [M]. Routledge：Ricardo and In-ternational Trade.

SMITH A, 2002. Imagining geographies of the 'New Europe'：Geo-economic power and the new European architecture of integration [J]. Po-litical geography, 21 (5)：647-670.

SMITH T, 2005. The place of the world market in Marx's systematic theory [J]. Review of political economy, 9：162-182.

STILLER S, 2003. Integration in the German-Polish border region-Status quo and current developments [C]. 43rd congress of the European regional science association "peripheries, centres and spatial development in the new Europe".

VOGEL E F. Japan as number one：Lessons for America [M]. Cambridge, MA ：Harvard University Press.

WU, 2018, The mercantilist root of the United States, Europe and Japan's refusal to accept China's market economy status [J]. World review of political economy, 9 (3)：76-90.

ZHU Y T, 2021. China's one belt, one road strategy research in accordance with globalization trends [J]. Journal of physics, conference series, 2: 112-128.